ECONOMICS

经济学

（东西方综合）

Synthesis of the East and the West

李大雨　薛　敏◎著

中国财经出版传媒集团

经济科学出版社

Economic Science Press

图书在版编目（CIP）数据

经济学：东西方综合/李大雨，薛敏著 . --北京：
经济科学出版社，2022.11
ISBN 978 - 7 - 5218 - 4389 - 7

Ⅰ. ①经… Ⅱ. ①李…②薛… Ⅲ. ①经济学 Ⅳ.
①F0

中国版本图书馆 CIP 数据核字（2022）第 225566 号

责任编辑：罗一鸣 徐汇宽
责任校对：齐 杰
责任印制：张佳裕

经济学

（东西方综合）

李大雨 薛 敏 著

经济科学出版社出版、发行 新华书店经销
社址：北京市海淀区阜成路甲 28 号 邮编：100142
总编部电话：010 - 88191217 发行部电话：010 - 88191522
网址：www. esp. com. cn
电子邮箱：esp@ esp. com. cn
天猫网店：经济科学出版社旗舰店
网址：http：//jjkxcbs. tmall. com
北京季蜂印刷有限公司印装
710 × 1000 16 开 16 印张 230000 字
2022 年 11 月第 1 版 2022 年 11 月第 1 次印刷
ISBN 978 - 7 - 5218 - 4389 - 7 定价：58. 00 元

目　　录

第一章 导 论

第一节 经济学的发展

经济学从 15 世纪开始萌芽，历经五百年，其发展变化是巨大的，这一方面来自经济本身的变化，另一方面是人们对经济规律的认识不断深化。虽然历史不长，但它取得的成就犹如浩瀚星空中的繁星。展开每一个学说，都是一幅美景；每一位经济学家，都是一座高山。

古典经济学反对封建专制的分割封闭制度对生产发展的阻碍，敏锐洞察到现代分工生产的社会性对统一市场、要素流动、自由经营的要求，反映了生产力走向更广阔空间获得解放的历史必然趋势。《经济表》作为早期的投入产出表，揭示了国民经济各门类之间相互需求、相互供给的内在联系，揭示了再生产顺利运行客观上要求国民经济保持一定的内在结构。微积分学的完成，为包括经济学在内诸多学科的科学分析提供了有力的数学工具支撑，在经济学上体现为"边际革命"。旧福利经济学主张收入均等化，闪耀着人文主义关爱的温暖；新福利经济学主张社会总体福利最大化，兼顾公平与效率。垄断竞争理论与不完全竞争理论对市场结构状态的研究更加接近现实，也更充分揭示了竞争机制的重要作用。20 世纪 30 年代后，围绕如何解释与解决经济危机，经济学迎来新的发展。为解决实践中遇到的问题，凯恩斯主义应运而生，以前所未有的勇气突破当时的主流理论，以有效需求为基础，提出国家干预的理论和政策主张，体现了经济学的务实精神。新古典综合派在凯恩斯主义宏观经济学基础上综合新古典学派微观经济学，努力使二者统一，并不断吸收借鉴其他学派观点融入自身理论之中，兼收并蓄，不断发展。20世纪70年代，需求管理失效，出现滞胀现象，新古典综合派不能解释和解决滞胀问题，货币主义、供给主义、理性预期学派迅速发展，形成新古典主义与新凯恩斯主义并存局面……

从经济学发展史可以看出，经济学的特点，一是与社会历史重大变迁密切相连。生产组织方式的变革、生产主导力量的改变，对经济学提出了历史任务，也成就和造就了一个时代的经济学，很大程度上影响着经济学的变化。二是与政策实践紧密相关。经济管理实践中遇到的矛盾和解决矛盾的需要影响着学派变化，例如，为了应对经济危机，凯恩斯主义应运而生，而凯恩斯主义反对派诞生的背景是滞胀。

第二节　经济学的任务、现今课题与中华文明

经济学是无国界的。经济学的任务在于：以理论再现经济世界的客观面貌，探究经济运动的客观规律，指导政策实践。经济学家是有国界的，希望将他们认为的真理性认识运用于国家发展，使经济良性运行、国家繁荣强大、人民富足乐业。

当代经济学还有不少亟待解决的问题，这是由于经济本身还在不断发展变化之中，市场经济的规律还未完全彻底呈现。当前，经济学主要面临这样几个问题：一是有些影响较大的理论，还有进一步探讨推敲的必要性，例如菲利普斯曲线、乘数—加速原理等；二是一些能够自圆其说的理论，在实践运用中效果并不理想，政策实践效果与理论效果差距较大，例如，在一些国家采用有效需求管理措施效果不佳；三是现行经济学流派多由西方学者创立，而少有中华文明的继承和体现。

经济学是探究经济领域规律的学科。中华文明源远流长，早在两千多年前就形成了完整的中国古代哲学。中国古代哲学广博精深，是关于宇宙运行的一般规律的认识，是科学的世界观和方法论。它的有无相生、变化

衍生复杂具象大千世界的观点，它的事物发展到一定阶段向相反方向转化的观点，它的高楼起于累土的扎实积累、尊重规律循序发展的观点，它的站在抽象的角度认识规律、站在具象的角度观测数量的观点，等等，无不闪耀着真理与智慧的光芒；它的道法自然的思想，在建立宽松而有效基础制度的同时减少人为干预的主张，与自由市场经济的精髓是内在一致的。它是对宇宙规律的认识和概括，以它作为指导包括经济学在内科学研究的基本思想与方法，会得到更加符合自然实际、经济实际的认识，让我们看见原先没有看见的许多东西。

经济学作为科学，既要体现中华文明的哲学思想、对宇宙基本规律的科学认识，也要运用现代西方经济学广泛采用的微积分等数学工具和模型。这些数学工具和模型，是现代科学发展的成果，也是表达、解释、研究经济学非常实用的工具。我们充分利用好这些方法工具，有利于更好地贯通东方哲学与西方经济学，将我们的经济理论以东西方都能理解的框架进行构建。

第三节　本书的目的、结构与主要内容

本书旨在还原经济现实，探索市场经济运行的基本规律，为政策实践提供参考。本书融合东西方理论，以中华传统文化为基本思想，运用现代经济学的数学工具与模型，将辩证认识和数学方法相结合。对经济运动规律进行了重新探索和归纳，对经济运行进行了新的描述与阐释，在分析主流经济学等理论的基础上，提出一系列自己的新观点，建立了一系列新的经济模型，以使理论能够更符合、更好地解释经济现象和现实经济运动。按照从抽象上升到具体、由内向外、由本质向现实经济运行接近的逻辑顺序，本书按四个层级梳理重构了经济学结构。第一层，需求和供给，是经济最基本的内核元素。第二层，它们的各自运动和相互运动形成了供求价格机制与竞争机制，供求价格机制与竞争机制是市场经济两大核心机制，二者相互配合，缺一不可。第三层，经济增长、经济稳定、经济周期、产

业结构、区域结构等，这些经济运行的表象，或者说现实经济运行状态，是由需求与供给的运动与状态形成的，也是一国供求价格机制与竞争机制完善程度的反映。第四层，国家对经济的干预，这是国家对经济的管理与调控。

本书观点与中华传统文化是契合的，以中华文化为世界观和方法论。本书共 15 章，按照从微观到宏观、从基本到整体、从本质到现实运行的顺序安排编列，包括需求、供给、供求价格机制，生产者利润最大化与消费者效用最大化，均衡理论，竞争与垄断理论，经济总量、经济增长、经济稳定理论，产业结构与区域结构理论，国家干预理论等。本书主要研究结论如下。

1. 需求是无形的，供给是有形的；供给与需求的内在冲动导致动态均衡；供求价格机制具有使供给和需求向相反方向运动的力量，但却没有使之返回并停留于原出发点的力量。

2. 人类经济发展史，是生产力不断摆脱束缚走向解放，不断越出自身疆域走向更广阔空间，经济社会不断走向更加自由的历史。要建立规范的、充分竞争、自由发展的市场经济制度，构建较为宽松却不遗漏的社会基本秩序作为底线，效法大自然，包容和欣赏基本秩序下大千世界"不同""多样性"的魅力与生机。

充分发挥市场自发调节作用，在规范基础制度的同时减少人为干预，从"人治"转变为"自然治"，源自中华文化东方思想。

3. 补充了竞争理论。阐释了"看不见的手"将利己转化为利他的机制；提出了市场占有率竞争模型；论证了平均利润率原则与边际利润为零等价，同为全社会利润最大化条件；总结了生产要素竞争对自身稀缺性的自我异化过程，揭示了生产要素发展演变的历史趋势。

4. 证明了非自愿性失业的存在，分析了非自愿性失业不存在需要的前提条件。在 IS－LM 模型的基础上对其进行了发展，采用不定积分形式建立了包括均衡和非均衡状态在内反映日常经济运行的一般模型。

5. 分析了乘数—加速数模型的数理性质。研究表明，乘数—加速数模型可能收敛或发散，成为周期函数只是一种特殊情况，乘数—加速原理解释经济周期具有局限性。

6. 建立了以投资和消费关系为基础的经济增长模型，认为波动中增长是经济增长的正常路径；对一些国家的投资消费比变化进行了研究，发现了消费倾向呈周期性变化，投资消费比与经济增速同升同降的规律；提出了经济增长的"区间收敛"概念；对经济周期的消极影响与客观作用做出了正反两方面评价，对反周期调控政策提出了非必要不采用的建议；提出了发展中国家实现经济起飞和跨越中等收入陷阱实现经济高飞的条件。

7. 研究了经济稳定问题。提出了人的双重属性原理，以此为基础研究了就业—人口比与社会总供求均衡的内在关系；在分析劳动力均衡与总供求均衡配合关系的基础上提出了新的反映失业率与通货膨胀率联系的"菲利普斯曲线"；研究了经济发展中导致滞胀的深层次因素。

8. 产业结构高级化无法以人力强行实现，产业结构高级化的发展方向无法人为决定；需要通过营造环境、市场竞争、放宽准入、自然发展实现。

9. 在区域结构的形成原因上，在李嘉图比较成本说基础上综合考虑要素收益与要素成本，提出决定区域结构的根本因素在于要素的比较净收益；在区域经济动态发展规律上，提出主导因素在于区域间要素比较净收益的变化；对区域经济动态发展过程中的资源运动进行了重新归纳：聚集效应和扩散效应。

10. 对外开放是中华民族的传统，既是文化上的兼收并蓄、包容发展，又是经济上发展高附加值产业、提高人均收入水平、实现国家富裕的必由之路。在处理对外开放与国家安全的关系上，不能因噎废食，而要"两手抓、两手硬"。

11. 不稳定性、不对称性是包括经济增长在内的事物发展的一般动力。运动是生命与活力的表现，是发展的必然路径，不存在所谓"市场失灵"，只是我们在多大程度上能够接受它的调节力度问题。反周期调控政策的依据不是由于所谓"市场失灵"，而是旨在把市场自发调节的振动控制在社会可以接受的幅度和范围内。

国家干预经济的目标，除传统的四大目标之外，还应重视维护自由竞争制度、适当调节收入分配差距的目标，保障社会再生产顺利运行。

构建模型论证了总量调控政策能够影响实际经济运行。财政政策对经济运行的影响机制是直接作用于总供求对比，会影响利率但不是通过利率发挥作用。乘数效应不如理论描述那样强大。货币政策对经济运行的影响呈现出短期非中性、长期中性。

编写了宏观调控手册，便于经济管理实践者参考使用。

12. 市场经济不是完美的，它在实践中无法做到毫无效率损失的帕累托最优、毫无振荡波动的稳定增长。然而，自然的运动发展过程必然有淘汰，必然存在振动与自我调整，完美从未在世界上出现过，市场经济是到目前为止人类社会出现的最佳经济体制，这一点足以成为我们采用它的理由。

第二章 需　　求

第一节　经济学的需求

一、需求的定义

需求，指经济需求、市场主体的需求，是指人们对商品和服务的需要，即市场主体（个人和家庭、厂商、作为市场主体身份的政府）取得、使用某种经济产品的愿望。

二、需求与需要

（一）需求与需要的差异

"需要"比经济学上的"需求"概念要宽泛许多，除了市场主体对商品和服务的经济需求以外，"需要"还包含着作为宏观管理者的政府，出于国家战略考量和管理者自身利益考虑而形成的对某种产品的愿望，即国家战略需要和管理者自身需要。

例如，在某个经济发展水平较低的国家，人们更多地关注温饱问题，主要的需求是食品和服装，但是，政府制定了赶超战略，希望将以食品服装为主的产业结构改造为以高科技产品为主的产业结构，认为是国家和人民的需要，这种需要就不是需求。又如，某国人民并不偏爱黄金，该国工业用金量也不多，但该国政府认为必须储备巨额黄金才能保障国际贸易和币值稳定，因此组织大规模开采金矿，这种需要也不是需求。因此，许多"需要"并不构成、不能形成"需求"。另外，不能通过市场交易活动取得的需要，如对"爱""尊敬"等情感人文社会需要，不包含在本书从经济学讨论的需求范围之内。

（二）需求与需要的转化

从上面可以看出，需要包含了政府以管理者身份提出的战略需要，而需求是市场主体的购买需求。二者的主体角色有重要不同，在前者（需要）中，政府的身份是管理者身份，而在后者（需求）中，即便是政府需求，政府是市场主体身份而非管理者身份。但是，如果政府通过购买方式来实现和满足"需要"，那么此时政府的身份将从管理者变为市场主体，相应的，国家战略"需要"转变为经济"需求"。

第二节　需求的有效性、有效需求与无效需求

一、需求的有效性

市场主体的需求是否有效，更加明确地说，个人和家庭、厂商以及政府作为市场主体取得、使用某种产品的愿望对于市场而言是否有价值，能否对市场产生影响，取决于该需求是否具有货币购买力。

需求有效性的本质在于对市场而言是否具有实质影响。

二、有效需求与无效需求

有货币购买力的需求是现实有效的需求，无货币购买力的需求是对当

前市场无效的潜在需求。因此，有效需求是指有货币购买力的需求，它能够对市场交易、市场活动产生现实的影响。有效需求规模决定着市场的容量，有效需求种类决定着市场的方向。

有效需求的启示

有效需求隐含着这样一个简单而重要的原理：增加人民收入，使人民富裕、有货币购买力对于经济运行、社会再生产具有极其重要的必要性。藏富于民，才能使市场交易成为现实，使经济规模增大，富民是强国的先决条件。

第三节　需求的性质

一、需求的抽象性、变化性

与供给是具有具体形态和内容、稳定固化的现实商品服务相比，需求具有抽象性、可变性。我们将需求的抽象性、可变性特征合称为需求的相对性。

（一）抽象性

或称非实体性。一是需求是一种愿望而非一个实物；二是需求就其最初起源而言，并无针对某种具体商品的特定指向性，由于供给对需求的提供和塑造，需求的具体对象才被固化和确定下来，因此我们说需求就其自身而言具有抽象性。例如，最初人们饥饿时产生了对食物的需求，但是并不具体指向对果子还是对馒头的需求。由于当时的生产力水平下人们可以得到果子，由于厂商制造的食物是馒头，因而对食物的抽象需求才被具象成果子和馒头。

（二）可变性

需求是变化的，人们对商品的偏好、功能、质量及外观要求常常改变。即使是被认为弹性极低、高度稳定的食品需求也是变化的。例如在改革开放之前，中国人的饮食以主食为主，对粮食作物的需求量很大；改革开放以后，人们的饮食逐渐多元化，各类肉、菜、水果在饮食结构中的比重上升，主食比重下降，大米、小麦的需求发生了由增到减的变化。

二、需求是价格的函数，且具有弹性

需求随商品价格的变化而变化，需求 D 是价格 P 的函数，$D = D(P)$。通常情况下，需求与价格成反向变动，是价格的减函数，$D'_P < 0$。价格上升，需求减少；价格下降，需求增加。这是由于在其他条件不变情况下，价格上升会抑制消费者的购买欲望，价格下降会刺激需求。特殊情况下，例如在某一段时间价格形成上升趋势，或者商品短缺等，使人们预期未来价格还将上升时，会出现消费者抢购，需求与价格同向变动情况。

需求价格弹性是指价格每变动1%引起的需求量变动的百分比，反映需求对价格变化的敏感程度。根据该定义，需求价格弹性 $E_D = -\dfrac{\Delta D}{D} \Big/ \dfrac{\Delta P}{P}$，其中：$\Delta D = D_1 - D_0$，$\Delta P = P_1 - P_0$。当 ΔP 无限趋近于 0 时，有 $E_D = -\dfrac{\mathrm{d}D}{\mathrm{d}P}\dfrac{P}{D}$，用导数形式表示为 $E_D = -D'_P\dfrac{P}{D}$。前者称为需求价格弧弹性，后者称为需求价格点弹性。

三、需求在种类上的可替代性与不可替代性

主流经济学认为，商品之间是可以相互替代的，经典例子是吃饭和穿衣的相互替代，当人们感到寒冷时，既可以选择多吃饭、少穿衣，也可以选择少吃饭、多穿衣。然而显而易见的是，某些商品之间可以相互替代，

也有许多商品不能相互替代，主流经济学关于无差异曲线的分析是有多种约束条件的。

第四节 决定有效需求的影响因素

一、需要

衣食住行、对知识的渴求、对自我价值的实现、对世界的探索和对美的追求……，这些生理和心理、物质和精神的需要，是需求的源泉。

二、收入

有效需求与收入呈同向变动。收入是购买力，它决定了市场主体的需求能否对市场产生影响，是否有效。

需求收入弹性是指收入每变动1%引起的需求变动幅度。人们的收入增加，则购买能力提高，原先较低收入水平下不愿购买的一部分商品和服务，成为愿意关注和购买的对象，无效需求转化为有效需求，有效需求增加。反之，收入降低使一部分商品超出人们的购买能力，有效需求减少。

三、商品价格

如前所述，需求是价格的函数，随商品价格的变化而变化，需求价格弹性是指价格每变动1%引起的需求变动幅度。

有效需求通常与价格成反向变动。有效需求来源于需求，在其他条件不变情况下，需求增加了，有效需求也有所增加。价格上升会增加消费者负担，使消费者相对收入减少，抑制购买力和有效需求；价格下降能够使消费者的相对收入增加，购买力增强。随着价格上升，一部分购买意愿退

11

出市场，一部分购买能力被价格上升所侵蚀，有效需求转变为无效需求；价格下降，购买意愿和购买能力增加，无效需求转变为有效需求。

四、现实世界的启发

现实世界存在的商品如果丰富多样，其便利性、有趣性会引起人们的购买意愿，使人们原本在没有看到某些商品前并不存在的需求被激发出来。从这个角度讲，供给创造需求。事实上，需求和供给是相互激发的过程。

五、其他因素

社会文化因素、自然因素等也会影响有效需求。例如，有些民族由于历史传统原因，必然要消费一些奇特的、其他民族并不需要的商品。

第五节　需求的内容、层次与发展趋势

马斯洛需求层次理论将人的需求分为五个等级，描绘为金字塔形结构，从底部向上依次为：生存需要、安全需要、社交需要、尊重需要、自我实现与发展需要。生存需要是人们日常生活中穿衣吃饭、解决温饱等类型的需要；安全需要包括社会环境安全、生命财产得到保护、摆脱失业的威胁、生活有保障、病有所医等；社交需要也称情感和归属需要，是希望和人保持交往，得到友谊、友爱、爱情，有群体归属感；尊重需要是希望在各种不同情境中有实力、能胜任、充满信心、独立自主，有稳定的社会地位，得到社会和他人的承认、信赖和高度评价；自我实现与发展需要是个体的才能和潜能在适宜的社会环境中得以充分发挥，实现个人理想和抱负，是个体对追求未来最高成就的人格倾向性，是人的最高层次的需要。

人的需求是从低级向高级发展的，低级需求得到一定程度满足后才能

追求高级需求，但不是绝对的，而是得到部分的、一定程度满足即可。马斯洛曾澄清说，他先前的陈述可能给人一种"错误的印象，即在下一个需求出现之前，必须百分之百地满足需求"①。高级需求一旦确立，也存在为之放弃低级需求的可能。个体的需求层级排序存在差异性，例如有些人对尊重需要超过社交需要。

第六节　本章小结

需求是经济活动的起点，是生产的基本动力。本章主要介绍了需求的概念、有效需求与无效需求、需求的性质、决定需求的因素等基本问题。

本章的主要贡献在于：（1）明确区分了需求与需要特别是国家战略需要的区别，澄清经济管理实践中的误解。（2）首次归纳了需求的抽象性、变化性的性质，为后续章节提出非静态、非短期、非绝对平衡与增长的观点奠定基础。（3）指出了需求的可替代性与不可替代性，对无差异曲线提出了质疑。

---

① Maslow，A H. Motivation and Personality ［M］. 3rd ed. Delhi：Personal Education，1987：69.

第三章　供　　给

第一节　供给的内涵和外延

一、供给的定义

供给，是一定时期内提供给市场、用于销售的商品和服务。包括本期生产进行销售，以及以往生产后库存、在本期投放给市场的产品，不包括因自用、库存或其他目的而不用于市场销售的产品。

二、供给与生产（产出）的关系

（一）供给与生产（产出）是不同的

最终产品（生产/产出）中的一部分不是用于当期销售，并非用于满足市场需求，不构成对市场的供给。例如为了自用的产品不属于供给。又如为了以后销售，一部分产出以存货形式被储存起来，则这部分产出不构成供给，此时供给小于产出；反之，如果当期产量不大，但使用存货投放于市场，则提供市场的存货亦形成供给，此时供给大于产出。

（二）供给和产出有一定关系

供给和产出在数量上是不同的，但两者也具有密切关系。第一，如果经济社会中存货量一直保持高度稳定，基本没有变化，且产品基本用于出售而非自用，则当期供给等于当期产出。当然，由于诸多因素，例如，价格波动导致厂商存货意愿经常变化，又如，生产的连续性、存货有进有出自然形成不同时点存货量的波动等，供给等于产出的情况不常见。当期供给 = 当期产出 - 自用 - 净意愿存货（意愿存货净增加）$S_i = P_i - Personal_i - \Delta ININ_i$。第二，供给最终来源于生产，各时期（纵向）、各区域（横向）产出之和等于供给之和加自用 $\sum P_i = \sum S_i + \sum Personal_i$。

第二节 供给的有效性、有效 供给与无效供给

一、供给的有效性

如同需求是否有效取决于需求对商品服务是否具有货币购买力，供给是否有效，取决于提供的商品服务是否适应需求，是否能够对冲有效需求。

供给和需求有效性的本质在于对市场而言是否有效，是否能够参与市场。

二、有效供给、无效供给

有效供给是指符合市场需求的商品和服务。有效供给能够对冲有效需求。

无效供给是指虽然提供给市场，但不符合市场需求的商品和服务。无效供给不具有对冲有效需求的能力。

无效供给主要包括：

1. 不符合需要的商品设计。

2. 相对于人们的购买力而言价格过高，没有有效需求的商品。

3. 生产的残品、废品，以及库存品中腐败变质、失去有用性仍投放到市场未能售出的商品。

4. 强制供给。在一些半市场化国家，有些企业生产的商品已经严重过剩，但还在继续生产，如钢材等；有些行业的资本性价格性泡沫已经很高，如房地产等，但得到政策支持，脱离市场需求而自说自话，孤立发展。事实上，这背后往往是地方政府的行政干预和支撑，使一些低端品企业或泡沫企业不顾市场需求，盲目生产。本书定义此类供给为行政性供给或强制供给。地方政府之所以用行政力量支撑供给，一是他们不希望企业倒闭，那将造成 GDP 增长率损失，还需要面临和解决后续一系列棘手的社会经济问题如失业问题等；二是泡沫易发行业具有易于过热的属性，可以轻易取得较高的 GDP 增长指标，有利于政绩偏好。强制供给的存在，是半市场化的产物，表明市场化改革尚未最终完成。

第三节　产出、供给、有效供给、无效供给的关系

一、产出与供给、有效供给与无效供给的关系

产出与供给、有效供给与无效供给的关系如图 3 – 1、图 3 – 2 所示。

当期产出				
供给			非供给	
有效供给		无效供给	非供给	
成交商品	适应市场但 供过于求商品	不适应市场商品	厂商未列入销售计划 不愿出售的商品	自用
成交商品	非意愿存货		意愿存货	自用
当期交易量	净存货（当期存货净增加）			自用

图 3 - 1　当期产出、供给对照

产出 + 存货				
供给			非供给	
有效供给		无效供给	非供给	
成交商品	适应市场但 供过于求商品	不适应市场商品	厂商未列入销售计划 不愿出售的商品	自用
成交商品	非意愿存货		意愿存货	自用
交易量	存货			自用

图 3 - 2　全社会跨期产出、供给对照

厂商暂不打算销售、主动进行储存的产品，称为"意愿存货"。

厂商向市场提供希望得到销售，但未能实现销售的产品，称为"非意愿存货"。

二、主流经济学的概念缺陷和本书关于有效供给与无效供给的理论贡献

主流经济学认为："供给是生产者在某一特定时期内、在每一价格水平上愿意并且能够生产的一定数量的商品和劳务，或生产出一定数量商品

劳务后，愿意并且能够售出的商品和劳务数量。"① 可见，主流经济学对供给的定义，与本书关于有效供给的定义类似。

将供给明确区分为有效供给与无效供给并定义，是本书的创新。主流经济学没有区分供给和有效供给，至少存在以下缺陷：（1）忽视了无效供给的存在，从而高估了全社会有效供给的数量，进而引起了一系列对经济运行情况的判断误差；（2）缺少对无效供给这一经济现实的研究，把供给视同为有效供给，将经济运行过于理想化，低估了经济运动中供给实现为有效供给的难度，忽视了经济理论中关于无效供给对经济稳定、经济增长影响的研究；（3）将供求价格机制简单化，对供求与价格关系的解释陷入循环论证。事实上，在"供求决定价格、价格引导供求"的供求价格机制中，在供给需求决定价格环节，是有效供给与有效需求决定价格（无效供给与无效需求无法参与对价格的决定）。而在价格引导供给需求环节，价格引导的供给是全部供给，只是其中一部分供给适应需求成为有效供给，一部分供给由于不适应需求沦为无效供给。也即供求价格机制第一阶段和第二阶段的供给实际上是不同的，第一阶段的供给仅为有效供给，第二阶段的供给是包括有效供给和无效供给在内的全部供给。供给与价格的关系应是：有效供给—价格—供给。然而，主流经济学由于并未建立有效供给、无效供给的概念，而将供给近似地定义为有效供给，因此主流经济学在供求价格机制的研究中未能区分第一阶段与第二阶段供给在质上的区别和量上的不同，陷入"供给—价格—供给"（或者说"有效供给—价格—有效供给"）的循环论证，这样一种从原点起始回到原点的经济学理论本身，使主流经济学很容易得出经济运动能够处于"稳态"和"均衡"的分析结论。事实上，当我们在建立有效供给与无效供给概念基础上考虑到第二阶段的供给并不能全部形成有效供给时，我们就会认识到无效供给对经济运行稳态与均衡的重要性，认识到经济运行的"稳态""均衡"并非像主流经济学给出的那样容易实现，而众所周知，这更符合、更能够解释经济现实。

① 高鸿业：《西方经济学》上册：微观部分［M］.北京：中国经济出版社，1996：27.

第四节 供给的性质

一、供给具有具象性、稳定性

供给是现实生产出来的商品服务，或者至少是一个社会现实存在的生产和供给能力。由于供给是现实的商品或现实产能，决定了供给与需求相比，具有具象性、稳定性的特征。

1. 具象性。或称实体性，即供给提供的是具有具体形态的特定商品，供给能力表现为某种具体商品产能。

2. 稳定性。由于供给的具象性特征，决定了一定时期的供给不易随意改变，具有稳定性。

二、供给是价格的函数，且具有弹性

供给随商品价格的变化而变化，供给 S 是价格 P 的函数，$S = S(P)$。通常情况下，供给与价格成同向变动，是价格的增函数，$S'_P > 0$。价格上升，供给增加；价格下降，供给减少。这是由于在其他条件不变情况下，价格上升意味着利润增加，会刺激生产者的供给欲望，价格下降会抑制供给。特殊情况下，当资源有限而生产者预期未来价格还将继续上升时，会出现生产者惜售，供给与价格反向变动情况。

供给价格弹性是指价格每变动 1% 引起的供给量变动的百分比，反映供给对价格变化的敏感程度。根据该定义，供给价格弹性 $E_S = \dfrac{\Delta S}{S} \Big/ \dfrac{\Delta P}{P}$，其中：$\Delta S = S_1 - S_0$，$\Delta P = P_1 - P_0$。当 ΔP 无限趋近于 0 时，有 $E_S = \dfrac{\mathrm{d}S}{\mathrm{d}P} \dfrac{P}{S}$，用导数形式表示为 $E_S = S'_P \dfrac{P}{S}$。前者称为供给价格弧弹性，后者称为供给

价格点弹性。

三、供给的边际成本变动趋势取决于要素稀缺程度与技术进步速度对比，平均成本随产量增加而递减

在假定劳动力和资本要素及原材料无限的条件下，则供给的边际成本与产量无关，为不变常量。在现实经济中，由于要素和资源的有限性，随着产量的增加，要素和资源稀缺程度的提高将使边际成本提高。技术进步则会使边际成本降低。因此，要素和资源稀缺程度与技术进步速度是推动边际成本变动的两个相反的基本力量，边际成本的变动趋势取决于二者对比。

由于商品成本由固定成本和变动成本两部分组成 $C = C_0 + f(Q)$，因此随着产量增加，固定成本被摊薄，平均成本下降。

第五节　供给的创造过程

一、要素的生产

基本的生产要素包括劳动力和资本两项。我们从事商品生产，除了投入原材料以外，必不可少地要投入劳动力和资本两个生产要素。在我们开始商品生产之前，事实上已经开展准备工作：进行要素生产，即生产劳动力和资本两个用于创造商品供给的生产要素。

劳动力要素的生产，其投入的是食品及其他生活资料、教育产品等，产出的劳动力要素包括数量和质量两个方面。劳动力数量，常用 L 表示；而通过教育形成的劳动力的质量和素质，正是近年被人们热衷讨论的"人力资本"，换言之，"人力资本"是知识技术附着在劳动力上的产物，是劳动力的技术进步和素质提升方面。

资本要素的生产，即机器厂房等生产工具和配套设施的生产。资本数量，常用 K 表示。资本要素在物质形态上表现为形态各异的生产工具和设备设施，但其无论在会计学还是经济学上都可以统一用货币表示价值，其本质上更是无差别的价值形态。资本要素具有同质性或无差别性，只有价值高低的差别而无质的区别，这是因为技术进步对资本物质形态的附着可以直接反映为资本价值的增值。资本是多轮生产过程长期积累形成的。

除劳动力和资本两项要素外，实际上还有在接下来的商品生产中要用到的无形要素——技术和管理要素的生产，这些通过基础研究、应用研究和管理学研究取得。

二、商品的生产

将原材料和上述生产取得的劳动力、资本等要素投入生产过程，取得商品服务的过程是商品生产。商品生产的一般表现形式是 $Y = f(A, L, K)$，其中，Y 是商品的产出，用价值形式表示；A 是综合要素，一般包括技术和管理等；L 是劳动力数量；K 是资本数量（价值）。

三、商品销售与存货

将商品和服务提供给市场的行为是销售，销售行为就是市场供给行为。销售的产品既可以是本期生产的产品也可以是存货，销售剩余和计划储存也会形成存货。

当期生产的产品，扣除自用品和厂商暂不打算销售的意愿存货，加上前期形成存货、本期投放市场的商品，形成商品供给量。其中，能够适应市场需求的部分为有效供给，不能适应市场需求的部分为无效供给。

四、本书关于供给创造过程的理论贡献和实践意义

在以往的经济学中，供给过程基本等同于商品生产过程。本书将要素

生产独立出来，将生产环节明确划分为要素生产和商品生产两个阶段，在理论上有利于研究供给的真实过程，在实践中有利于反映要素生产状况，包括劳动力素质改善等对供给的重要现实价值。本书还将商品销售与存货独立出来，有利于研究供给与生产的区别，与本书关于有效供给与无效供给的理论一脉相承。

第六节　决定有效供给的影响因素

有效供给取决于厂商的产能和适应市场的能力。具体而言，取决于资本、劳动力、人力资本、技术和管理水平等生产要素的充分程度，以及市场竞争充分程度等多种因素。

一、劳动力的数量

随着自动化技术的发展，资本和技术对劳动力数量进行了替代，同时，现代生产技术对劳动力质量的要求越来越高，因此，该因素在商品供给中的相对作用越来越低。

二、人力资本或劳动力的质量

随着现代生产技术的发展，对劳动力质量的要求越来越高。更为重要的是，劳动力素质还是创造技术、管理、资本等其他要素的源泉。因此，该因素的作用越来越大。

三、资本的数量

一个国家的有效供给，在很大程度上取决于资本量即投入生产过程的资金数量的大小，当代经济发展在很大程度上需要积累和投入足够的资本。因此，经济起飞的条件是需要有一定的资本积累，而战争、重大自然灾害发生后之所以会有一段经济增长较慢、供给不能跟上的恢复期，是因为战争和重大自然灾害摧毁和大幅削减了多年积累形成的资本数量。

四、技术进步和组织管理水平

技术进步和组织管理水平即综合要素 A，它在提供有效供给中起到提高投入产出比的效率因子作用，在同等的 L 和 K 投入条件下，它的高低决定了有效供给数量的多少。

五、商品价格

如前所述，供给是价格的函数，随商品价格的变化而变化，供给价格弹性是指价格每变动1%引起的供给变动幅度。

有效供给通常与价格成同向变动。在其他条件不变情况下，价格上升能够给生产者带来更多利润，从而激发供给动力。有效供给来源于供给，供给增加了，有效供给也有所增加。

六、商品成本

原材料的大量发现会造成原材料稀缺程度下降，价格下降，使商品成本降低；劳动力的减少会使劳动力稀缺程度上升，工资提高，商品成本增加；税费对厂商而言也是一项成本支出，因此国家的税费减免政策也影响改变着商品成本。成本的变化使厂商利润变化，影响有效供给意愿与数量。

七、竞争环境与壁垒状况

竞争充分，市场壁垒低，则供给对需求反应灵敏，会迅速组织生产，形成有效供给；反之如果竞争不充分，市场处于封闭和垄断环境，则不利于有效供给的形成。

八、历史文化、法律规定等因素

一些商品的供给与当地居民的特定生活习惯、宗教信仰有关，也与国家法律有关。例如一些商品在一些国家虽然利润不高，但受到历史文化因素的影响还会大量生产，而一些商品虽然利润很高但被法律禁止生产。

第七节　本章小结

供给是最基本的经济活动，它与需求共同组成了基本经济运动。本章主要介绍了供给的概念、供给与生产的关系、有效供给与无效供给、供给的性质、供给创造过程和决定供给的因素等基本问题。

本章的主要贡献在于：（1）将供给明确区分为有效供给与无效供给并定义，为后续章节提出供求价格机制运行结果的不稳定性、非静态均衡奠定基础；为理论和实践中避免高估有效供给、为供给实现为有效供给的研究提供依据。（2）提出了"强制供给"的概念，对半市场化国家的特定供给现象作出概括，丰富了经济学的基本概念和范畴。（3）在供给创造过程中考虑了要素生产和商品销售这样两个前端和后端环节，有助于完整展现和研究供给的真实过程。

第四章　供求价格机制

第一节　供求价格机制的内容

一、本书的供求价格机制

基于本书前述需求、供给、有效需求、有效供给的概念，描述供求价格机制的内容和作用过程如下：

1. 有效供给和有效需求决定价格。

2. 价格引导下一期的供给和需求。

3. 供给和需求分解为有效与无效部分。由价格引导产生的需求中，有货币购买力的需求成为有效需求，无货币购买力的需求成为无效需求；供给中，适应市场需求的部分形成有效供给，不适应市场需求的部分成为无效供给。

4. 周而复始运动。图 4 - 1 为供求价格机制的作用过程。

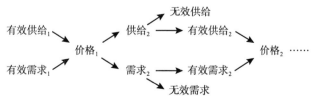

图 4 - 1　供求价格机制的作用过程

二、主流经济学的供求价格机制及存在的问题

（一）主流经济学的观点

1. 供给和需求是价格的函数，由价格决定。$S = S(P)$，$D = D(P)$。

2. 供给和需求决定价格（见图 4 - 2）。$P^* = f(S，D)$。

3. 若价格和数量没有在 p^* 和 q^* 的位置上，例如在 p_1 和 q_1 位置，则价格的分歧、供求量的分歧将使价格和成交（交易）量回到 p^* 和 q^* 的位置上（见图 4 - 3），供求价格机制作用的结果，将会使供给、需求、价格相互形成均势，停留在不再变动、平衡静止的稳定状态。

主流经济学有如下经典模型：

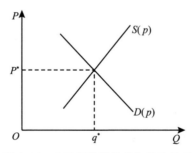

图 4 - 2　主流经济学供求与价格关系

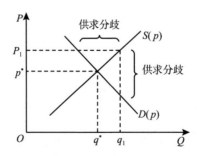

图 4 - 3　主流经济学供求与价格的调整与结果

（二）主流经济学供求价格机制的主要问题

一是没有考虑时期差异；二是没有考虑众多卖者和买者的反应；三是没有区分有效供给与无效供给、有效需求与无效需求，以为卖方和买方在确定、不变、已知的市场环境和价格面前进行决策。然而，过去不可以被改变，未来具有不确定性。

1. 没有考虑时期差异。主流经济学关于供求与价格相互作用会实现静止稳态的理论，很大程度上是其理论分析中没有考虑时期差异形成的，以为市场价格如果不能使供给方、需求方满意，可以重新出价（通过修改提供市场的供给量和需求量改变价格）直至双方满意。然而事实上，商品供给量一旦提供到市场上就是一个确定的量，并与需求相互作用形成价格，此时供给量、需求量、价格成为一个确定的、现实的存在被固定下来，当前已经成为现实，卖方和买方无法通过收回或变更已经提供到市场的现实供求量来修改已经形成于市场的此刻现实价格。此时再调整，改变的是该时点之后（如下一期）的供给量、需求量和价格，而不是已发生的市场现实。买卖双方也不能通过头脑中而非现实的博弈来影响改变价格后再按照双方满意的结果提供供给量和需求量。博弈只能在现实中进行，市场价格只能是现实供求对比的反映，是已提供到市场的现实供求数量完成一轮博弈的结果。供求决定价格与价格决定供求，不是能够在同一时点上相互决定的"循环引用"，而是不同时期的接续过程。

2. 没有考虑众多卖者和买者的反应。那么在下一期，卖方和买方有了本期供求量和价格的参照，能否比较容易地达成双方满意的供求量和价格呢？这忽视了市场的变化，特别是众多卖者和买者的行动。每个卖者都会按照自己的判断组织生产和供给，他们之间无法进行充分协同，买者也要独自安排购买计划。由于信息不对称，最终各个卖者和买者提供到该商品市场的供给总量和需求总量及由此形成的价格不得而知。

3. 没有区分有效供给与无效供给、有效需求与无效需求。主流经济学认为，一方面，供给和需求决定价格；另一方面，价格决定供给和需求，将供求价格机制中供求与价格的关系描述为"价格—供求—价格"或

"供求—价格—供求"。这样一种起点与终点完全相同的理论框架、逻辑安排本身，使供给、需求和价格都比较容易回到它们的出发点，在理论上容易得出经济运动处于稳定状态的结论。然而事实上，决定价格的是有效供给与有效需求，而价格引导的则是全部供给与全部需求，函数关系的起点与终点是不同的。有效供求与全部供给之间的差异不应被忽视，供给如何成为有效供给、需求能否成为有效需求正是理论和实践需要研究解决的一个重要问题。

综上所述，现实具有不可逆性，未来具有不确定性，决定了供给、需求与价格始终处于动态平衡调整之中，均衡是动态的、相对的均衡，而非静止的、绝对的稳态。

第二节　本书的供求价格机制模型

根据本书前面章节关于需求、供给、有效需求、有效供给与价格关系的论述，建立本书的供求价格机制模型如下。

一、有效供给和有效需求决定价格

DE 代表有效需求，SE 代表有效供给，如图 4 - 4 所示。

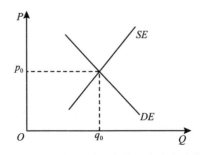

图 4 - 4　有效供给和有效需求决定价格

图 4 - 4 中，(q_0, p_0) 为有效供给和有效需求相互作用形成的供求一致点，p_0 为本轮价格，q_0 为成交（交易）量。有效供给和有效需求决定当期价格和成交（交易）量。

二、价格引导新的（下一期）供给和需求

$$S_{t+1} = S_1(P_t)$$
$$D_{t+1} = D_1(P_t) \tag{4.1}$$

式（4.1）中，S_{t+1} 是下一期供给，D_{t+1} 是下一期需求。在这里，价格引导出的是全部供给和全部需求，而不是有效供给和有效需求。这是因为，厂商认为当前价格有盈利空间于是组织下期生产供给，至于能否成为有效供给还将取决于该供给是否符合市场需求，因此价格引导的是厂商的全部供给而不仅仅是有效供给；同理，个人和家庭认为当前价格有吸引力，引起了购买欲望，至于能否成为有效需求还要匹配货币购买力，因此价格引导的是全部需求而不仅仅是有效需求。

三、新的供给和需求中的一部分形成新的有效供给和有效需求

$$DE_{t+1} = D_{t+1} \cap PP_{t+1}$$
$$SE_{t+1} = S_{t+1} \cap DE_{t+1} \tag{4.2}$$

式（4.2）中，PP_{t+1} 为 $t+1$ 期的购买力。根据本书前面章节论述，有效需求可理解为需求与购买力的交集，有效供给是符合市场需求的供给，可理解为供给与有效需求的交集。

供给和需求中的一部分转化为有效供给和有效需求后，我们仍有可能在有效供给与价格之间、有效需求与价格之间建立函数表达式。然而需要注意的是，由于在 $t+1$ 期发生了价格 P 引导新的供给 S、需求 D，以及供给 S、需求 D 再转化为有效供给 SE、有效需求 DE，使得 $t+1$ 期 SE 与 P、DE 与 P 的函数关系较 t 期大概率会改变。设在 t 期有 $DE = f(P)$，$SE =$

$\varphi(P)$，则在 $t+1$ 期变化为 $DE = f_1(P)$，$SE = \varphi_1(P)$，映射发生改变。这与主流经济学不同，主流经济学模型不考虑时期差异，因此始终有 $D = D(P)$，$S = S(P)$，D 与 P、S 与 P 之间的映射始终不变。

由于主流经济学模型的 D 与 P、S 与 P 的映射固定不改变，因此在供求与价格循环决定的关系中，D、S、P 各变量在数值上向起点回归，在理论上易于得出它们趋于静止的稳态的结论；由于本书建立的上述模型中 DE 与 P、SE 与 P 随着时间推移，映射持续改变，$f \to f_1 \to f_2 \cdots$，$\varphi \to \varphi_1 \to \varphi_2 \cdots$，因此 DE、SE、P 各变量的数量关系在循环运动中调整发展，它们之间是动态的相对的稳态。

第三节　本书对供求价格机制理论的主要贡献

主流经济学最初只提出供给和需求决定价格、价格决定供给和需求，没有注意到不同时期（当期与下期）的区别问题，如此一来，供给、需求、价格就变成了同一横截面上的相互决定，因而陷入了不分因果、不分先后的循环决定论。后来，主流经济学注意到了这个问题，在一些研究中引入 t 期和 $t+1$ 期的概念，承认 t 时期的价格影响的是 $t+1$ 时期的供给和需求。但是，主流经济学至今未能区分有效供给和无效供给的概念，因而仍然将决定价格的供给与价格决定的供给这样两个质和量都不同的供给混同着，仍然存在着循环论证的怪圈。本书在建立有效供给与无效供给概念的基础上，提出决定价格的供给是有效供给，而价格诱导的供给是全部供给。供求价格机制是：有效供给 SE_t 和有效需求 DE_t 决定价格 P_t，价格 P_t 诱导出供给 S_{t+1} 和需求 D_{t+1}，供给 S_{t+1} 和需求 D_{t+1} 中分离出的有效供给 SE_{t+1} 和有效需求 DE_{t+1} 再决定价格 P_{t+1}，无论从时期还是从概念的质与量彻底走出了循环论证。由于决定价格的是有效供给、有效需求，而价格诱导的是全部供给、全部需求，两者是具有不同质与量的规定性，而不像主流经济学认为的那样两者是相同的规定性，最多只是在时期上有量的变化，因而，经济实现稳态并非易事。

第四节　供求价格机制发挥作用的条件

供求价格机制正常发挥调节作用需要具备两个基本条件：一是有效供给和有效需求能够决定价格，即价格能够对有效供求做出反应；二是价格能够影响供求，即供给和需求对价格反应灵敏。

第一个条件，要求除非特殊情况，否则一般情况下要减少国家对价格的干预，价格要由市场决定。第二个条件，要求厂商以利润为导向，在法律框架内追求利润最大化，这又进一步要求厂商拥有独立意志和决策权，自主经营，自我发展。只有这样，厂商才能对市场信号灵敏做出反应。

若不具备这两个条件，供求价格机制将无法发挥功能甚至导致资源配置扭曲。如果不具备第一个条件，即价格不能真实反映市场供求情况，例如在商品成本提高情况下管理部门禁止提高价格，则会抑制供给，造成商品短缺，最终，需求也无法得到满足。如果不具备第二个条件，价格变化不能影响厂商供给行为，例如在价格下降的情况下厂商按照管理部门指令仍然保持原有供给量，则会造成资源浪费与错配。

第五节　需求与供给的循环推动

一、需求和供给相互推动使经济螺旋式发展

微观世界包含了宏观世界的基本规律。需求与供给，正是通过供求价格机制在相互推动的过程中实现总量逐渐增大、层次逐步提升，使经济螺旋式发展的。

在有效供给和有效需求决定价格、价格引导供给和需求、供给和需求分割为有效和无效部分的周期运动中，供给和需求在相互引导和启发，有

效供给、有效需求和价格在相互博弈与调整，有效供给和有效需求的规模不断增大、层次不断提升，从而形成和表现为经济总量不断积累增大，结构和质量逐步高级化的发展进程。

二、需求是供求关系的主要方面

需求具有主导性。需求是经济的"容量"，既决定着经济规模，又决定着供给发展的方向。从一般意义上讲，无论是市场经济还是计划经济，需求在经济发展中均起导向性作用。市场经济中，厂商以市场需求为导向生产商品，提供供给，即使在计划经济中，计划部门安排生产计划也一定要遵循满足公众需要的原则，否则按计划生产出的产品无法卖出去。

一些看似供给侧的问题，背后实际上是需求侧的问题。在许多发展中国家，某些工艺并不复杂的耐用品产量长期没有提高，表面上是生产落后，背后则是有货币支付能力的有效需求还不足以为产品升级、高端品充分发展提供足够市场空间。

三、供给问题在半市场化国家亦应重视

在半市场化国家，供给存在的问题特别是供给制度不完善是国家应当关注的问题。对于半市场化国家，由于市场化改革还不到位，存在着供给不能适应需求这个不同于典型市场经济国家的独特情况。为此，需要改革供给机制，帮助企业建立彻底面向市场需求的机制，规范政府行为使之按市场规则办事，为供求价格机制有效发挥作用建立条件、铺平道路。

四、经济的虚幻性与真实性

（一）经济的虚幻性

1. 需求的虚幻性。单纯的需求数量增长、经济容量扩充，无经济发

展意义。马克思说："各种经济时代的区别，不在于生产什么，而在于怎样生产，用什么劳动资料生产。"① 特别是如印度、印度尼西亚为了增大经济规模而鼓励大量生育人口，一是只是形成经济规模的增加，并不导致技术水平的提高，二是人均经济量（人均 GDP）并不提高。

需求具有弹性，一旦经济进入下行通道，在数年内持续下滑，消费者的收入减少，那么，除饮食等少数必需需求的规模还要基本维持不变外，多数商品服务此前已达到的需求规模都可以被消费者压缩下来，不再构成对经济的支撑。

2. 供给的虚幻性。战争、自然灾害的强大破坏力将数不胜数的城市和物质财富摧毁。由供给积累出的物质世界可以被轻易毁灭，供给和它生产的物质世界具有极强的脆弱性、虚幻性。

一旦供给在数年内得不到需求的有效支撑，则厂商为避免持续亏损，必然削减生产线，生产规模将萎缩，产能将下降。

（二）经济的真实性

1. 需求的真实性。需求虽然不像供给那样作为实体存在，但它却是经济的"容量"，引导着供给的方向，因而是真实不虚的存在。

2. 供给的真实性。供给是现实的产能。更为重要的是，通过生产积累的生产能力、科学技术和眼界，被民族和国民记忆，成为民族素质、人口素质，民族和人口的这些能力、眼界和素质，能够生生不息轻易创造出产品和财富，因而是真实的存在。

（三）经济的真实性与虚幻性的理论和现实意义

经济的真实性与虚幻性具有理论和现实意义。有助于回答国家战略选择问题。即一个民族应该重视经济总量（供给需求总量）、供求运行产生的现实物质财富的多寡，还是重视能不断创造物质财富的技术能力和国民素质。

---

① 马克思恩格斯全集（第二十三卷）[M]. 北京：人民出版社，1972：204.

有助于回答物质不断毁灭与民族再次崛起的历史现象。世界上有一些国家经历着这样的历史，战争将其物质繁荣摧毁，使国土满目疮痍，然而短短十几年、几十年，又一个强国再次崛起。

第六节　本章小结

供求价格机制是市场经济最基本最重要的机制之一，它调节着资源配置和经济运行。本章回答的主要问题：（1）供求价格机制是否同主流经济学描述的那样会使供给与需求在一个稳定点达成势均力敌的近乎静止的平衡状态？（2）供求价格机制实际作用过程和结果是怎样的？（3）供求价格机制有效发挥资源配置作用是否需要基本条件，需要怎样的条件？

本章运用前面章节关于有效供给、无效供给、有效需求、无效需求等概念分析得出：（1）供求价格机制是有效供给和有效需求决定价格、价格引导下一期供给和需求、供给和需求分解为有效与无效部分的循环往复过程。（2）在这一过程中，存在着两个阶段的时期差异、众多卖者与买者的信息不对称和不同反应、有效需求与无效需求的区别，决定了这些变量之间的映射关系在每一轮运动中都在发生变化，决定了供给、需求与价格始终处于动态平衡调整之中，均衡是动态的、相对的均衡，而非静止的、绝对的稳态。（3）供求价格机制有效发挥作用需要两个基本条件，否则不但无法发挥功能甚至导致资源扭曲配置。

本章的理论和实践贡献在于：（1）在对供求与价格之间关系进行重新梳理分析的基础上，提出新的供求价格机制理论。（2）根据新的供求价格机制理论，基于供求价格机制中的关系变化，否定了市场能够达成近似静止的稳态均衡的传统观点，提出了动态的不断调整之中的均衡观点。（3）分析了供求价格机制有效发挥作用正是需要规范的市场体制为基础环境，反击了理论和实践中常以"市场失灵"否定市场机制的做法，提出了建立规范完善的市场经济制度的建议。

第五章 生产者利润最大化
与消费者效用最大化

第一节 生产者与消费者

经济是一个系统，参与者及其相互关系如图 5-1 所示。

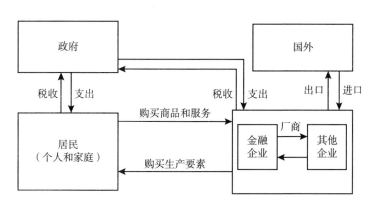

图 5-1 部门交易与经济循环

如图 5-1 所示，居民部门和厂商部门是经济系统中两个最基本、最核心的部门。居民部门拥有劳动力、资本等生产要素，厂商部门拥有商品和服务，两大部门的交易行为各取所需，形成市场。居民部门向厂商购买商品和服务，形成商品市场；厂商部门向居民购买生产要素，形成要素市场。居民部门又称消费者，厂商部门又称生产者。

生产者或厂商部门组织生产活动（商品制造、运输销售、提供服务等）目的是获得利润，原则是在现有条件下追求利润最大化。消费者或居民部门购买商品服务的目的是满足需求，原则是在现有条件下追求所购买商品服务最大程度地满足自身需要即效用的最大化。

第二节　利润函数与利润最大化

一、利润函数

（一）利润函数的一般形式

由于利润 = 收益 – 成本，因此利润函数的一般形式是：

$$\pi = R - C \tag{5.1}$$

其中，π 为利润，R 为收益，C 为成本。

（二）利润函数的两种具体表达方式

利润函数主要有两种具体表达方式：一是以商品数量为自变量的利润函数，二是以生产要素投入数量为自变量的利润函数。

（三）以商品数量为自变量的利润函数

1. 常用函数形式及其问题。常用函数表达式是：$\pi = R(Q) - C(Q)$。但该表达式存在一个问题，即函数中的 Q 到底是商品什么数量的问题。在第三章中我们知道，产出数量与销售数量不同，生产的产品，除完成销售的商品外，还包括废品、不能适应市场需求的商品等无效供给，这些都构成企业的生产成本。关于存货，由于本章是从生产者的角度来讨论其动机和生产安排，其追求的利润最大化不仅限于本期，所以存货无须扣除。

假定上述利润函数中 Q 是销售量，则 $R(Q)$ 是销售商品取得的收益即销售收入，这是符合逻辑的，因为只有销售商品才能获得收入，但是，$C(Q)$ 相应变成已实现销售商品所耗费的成本，显然，对生产者而言这个成本是不完全的，因为企业的成本应是其生产商品的成本。除了实现销售的商品所耗费的成本外，还有销售不出去的商品耗费成本也应包含在内。假定 Q 是生产量，则 $C(Q)$ 是生产商品耗费的全部成本，成本口径正确，但是 $R(Q)$ 相应成为全部产出商品的总价格，而我们知道商品只有完成销售才能取得收益和利润，如果以产出商品总价作为收入核算，实则高估了收入，从而也高估了利润。因此，无论 Q 代表销售量还是生产量，利润函数 $\pi = R(Q) - C(Q)$ 都不准确，除非出现产量与销售量恰巧完全相等的偶然情况。

2. 本书的利润函数形式。根据利润 = 收益 - 成本这一基本关系，通过构造收益函数、成本函数来构造利润函数。

（1）收益函数：

$$R = R(Q_s) \tag{5.2}$$

其中，Q_s 为销售量，这是由于只有销售出去的商品才能为厂商带来收入。

收益函数可具体写为 $R = PQ_s$。通常在竞争比较充分的情况下，某一厂商的销售量不足以引起市场价格的改变，在供求变化不大的一个销售期内，可将价格 P 理解为常数。而在价格发生变动的情况下，可将 P 理解为该销售期内各次成交价格组成的向量，$\vec{P} = (p_1, p_2, \cdots, p_n)^T$，$Q_s$ 为该时期内销售量向量，$\vec{Q_s} = (q_{s1}, q_{s2}, \cdots, q_{sn})$，则：

$$R = \sum_{i=1}^{n} p_i q_{si} \tag{5.3}$$

（2）成本函数：

$$C = C(Q_p) \tag{5.4}$$

其中，Q_p 为生产量，这是由于成本是生产全部产品的耗费，不论销售出去还是销售不出去的产品，其费用均为成本。

成本函数可具体写为 $C = C_0 + cQ_p$。其中：C_0 为一次性投入、不随产量而变动的固定成本，如机器设备、厂房等；c 为变动成本，生产每件产品的单位费用，如原材料、工资等。总成本由固定成本和变动成本两部分构成。

　　与收益函数相似，既可以将 c 理解为常系数，将 Q_p 理解为变量，也可将它们理解为向量。

　　（3）利润函数。根据利润＝销售商品实现的销售收入－生产商品付出的生产成本这一基本关系，本书构造利润函数为：

$$\pi = R(Q_s) - C(Q_p) \tag{5.5}$$

$$或\ \pi = R(Q_s) - C(Q_s) - UNS \tag{5.6}$$

上述两式为同一函数的两种表示方式。

　　$\pi = R(Q_s) - C(Q_p)$ 中，Q_s 为销售量；$R(Q_s)$ 为销售收入，该收入只能通过销售商品取得，故是销售量的函数；Q_p 为生产量；$C(Q_p)$ 为生产成本，是生产全部商品的耗费，故是生产量的函数。

　　$\pi = R(Q_s) - C(Q_s) - UNS$ 中，Q_s 为销售量；UNS 为无效供给耗费的成本。即销售收入除了弥补对应的实现了销售的商品成本外，还要弥补生产无效供给的成本。

（四）以生产要素投入数量为自变量的利润函数

　　1. 主流经济学利润函数及存在的问题。设有生产（产量）函数 $Q = f(L, K)$，成本函数 $C = wL + rK$，其中：L 和 K 为劳动力和资本两种生产要素，w 为工资率，r 为利息率。则在完全竞争市场有以生产要素投入数量为自变量的利润函数：

$$\pi = PQ - C = Pf(L, K) - (wL + rK) \tag{5.7}$$

　　该利润函数与前面以商品数量为自变量的利润函数存在同样的问题，即，生产函数 $Q = f(L, K)$ 反映的是产出、产量，故 PQ 是生产的全部产品的总价格，但事实上只有销售数量才能形成收入；而如果使 $Q = f(L, K)$ 中的 L 和 K 只包含已售商品的要素投入，也就是使 Q 成为销售量，那么式（5.7）中 $wL + rK$ 就相应成为了已售商品的成本，而不是生产全部产品的成本，缺失了无效供给成本。

　　2. 本书的利润函数。根据利润＝销售商品实现的销售收入－生产商品付出的生产成本这一基本关系，对上面利润函数进行修正，构造新的以生产要素投入数量为自变量的利润函数为：

$$\pi = PQ_s - C = Pf(L, K) - (wL + rK) - UNS \qquad (5.8)$$

式（5.8）中，L 和 K 是已售商品的生产要素投入，UNS 是无效供给耗费的成本。

即已售商品包含的生产要素投入为厂商创造了收益 $Pf(L, K)$，减去其对应的已售商品的成本 $wL + rK$，再扣除无效供给耗费的成本后为利润。

二、利润最大化

（一）一般数学条件

1. 对于一元函数 $y = f(x)$，极大值条件为：

$$y' = f'(x) = 0$$
$$y'' = f''(x_0) < 0$$

2. 对于多元函数 $z = \varphi(x, y)$，极大值条件为：

$$z'_x = \varphi'_x(x, y) = 0, \ z'_y = \varphi'_y(x, y) = 0$$
$$P(x_0, y_0) < 0 \text{ 且 } z''_{xx} < 0$$

其中，$P(x_0, y_0) = z''^2_{xy} - z''_{xx} z''_{yy}$

比较极大值点与一阶导数不存在的点得到最大值点。

（二）利润最大化的商品量

即以商品数量为自变量的一元利润函数 $\pi = f(Q)$ 的最大化问题。

1. 主流经济学的利润最大化条件。对利润函数 $\pi = R(Q) - C(Q)$，根据数学条件 $\pi' = 0$ 有：

$$R'(Q) - C'(Q) = 0$$
$$R'(Q) = C'(Q) \text{ 或写作：} dR/dQ = dC/dQ$$
$$MR = MC \qquad (5.9)$$

得出著名的边际收益等于边际成本的利润最大化原则。

进一步的，在完全竞争市场上价格不受厂商个体产量影响，始终有 $R = PQ$，故完全竞争市场利润最大化原则为：

$$P = MC \qquad (5.10)$$

即，价格等于边际成本。

2. 本书的利润最大化条件。对利润函数 $\pi = R(Q_s) - C(Q_s) - UNS$，根据数学条件 $\pi' = 0$ 有：

$R'(Q_s) - C'(Q_s) - UNS'_{QS} = 0$ 或写作：$dR/dQ_s - dC/dQ_s - dUNS/dQ_s = 0$

由于一般而言无效供给与销量存在一定程度但不严格的数量关系，故 UNS 不能被视为与 Q_s 无关变量舍弃其导数 $dUNS/dQ_s$，故有：

$$MR - MC - MUNS = 0 \qquad (5.11)$$

$$或\ MR = MC + MUNS \qquad (5.12)$$

进一步的，由于通常情况下单个厂商的销量不足以改变市场价格，有 $R = PQ$，竞争充分情况下利润最大化原则为：

$$P = MC + MUNS \qquad (5.13)$$

（三）使利润最大化的生产要素投入量

即以生产要素投入数量为自变量的多元利润函数 $\pi = \varphi(L, K)$ 的最大化问题。

1. 主流经济学的利润最大化条件。对利润函数 $\pi = Pf(L, K) - (wL + rK)$，根据数学条件 $\pi'_L = 0$，$\pi'_K = 0$ 有：

$$\partial R/\partial L = w \quad \partial R/\partial k = r \qquad (5.14)$$

$$或\ MR_L/MR_K = w/r \qquad (5.15)$$

利润最大化原则为：要素产生的边际报酬等于要素的边际成本。

2. 本书的利润最大化条件。对利润函数 $\pi = Pf(L, K) - (wL + rK) - UNS$，根据数学条件 $\pi'_L = 0$，$\pi'_K = 0$ 有：

$$\partial R/\partial L = \partial UNS/\partial L + w \quad \partial R/\partial k = \partial UNS/\partial K + r \qquad (5.16)$$

利润最大化原则为：劳动力产生的边际报酬除覆盖工资率外，还要覆盖其边际无效供给成本；资本产生的边际报酬除覆盖利息率外，还要覆盖其边际无效供给成本。劳动力边际报酬需大于工资率，资本边际报酬需大于利息率。

三、利润最大化的几何图形

利润最大化时边际利润为0，是由边际利润曲线与利润曲线的数学关系决定的。图5-2中，在 $Q = Q_2$ 的邻域，当 $Q < Q_2$ 时，$M\pi > 0$，π 单调增；当 $Q = Q_2$ 时，$M\pi = 0$，π 达到极大；当 $Q > Q_2$ 时，$M\pi < 0$，π 单调减。

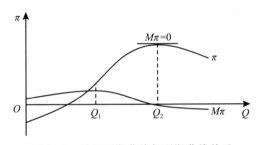

图5-2　边际利润曲线与利润曲线关系

函数的一阶导数（边际）、二阶导数反映了函数的各项几何性质，一阶导数反映函数的单调性（增减性）与极值点，二阶导数反映函数的凹向与拐点。仍以图5-2为例，一阶导数、二阶导数取值与函数的几何图形关系见表5-1。

表5-1　　　　利润函数的几何图形与一阶和二阶导数的关系

Q	$(0, Q_1)$	Q_1	(Q_1, Q_2)	Q_2	$(Q_2, +\infty)$
π	增函数 上凹	增函数 凹凸性拐点	增函数 下凹	极大值，本例中 也为最大值	减函数 下凹
π'，$M\pi$	$\pi' > 0$，π 单调增			$\pi' = 0$，π 取极值	$\pi' < 0$，π 单调减
π''	$\pi'' > 0$，π 上凹	$\pi'' = 0$，π 拐点	$\pi'' < 0$，π 下凹		

四、本书对利润最大化条件的贡献

主流经济学由于在公式设计上把产出等同于销售，在构建利润公式这一源头上忽视了以社会分工和交换为基础的市场经济运行实现商品销售这个关键一步，忽略了无效供给对经济的重要影响。如果无效供给、无效劳动较多，必然影响经济平衡。因此，提高效率、减少无效供给具有必要性。

第三节　效用函数与效用最大化

一、效用函数

不同商品的功能、有用性是有质的区别的，但人们在既定的预算约束下购买、消费不同商品得到的心理满足程度是具有量的大小的，是可以衡量的。我们定义消费者获得的这种只有量的差别的心理满足感为效用。

设消费者需要 n 种商品，每种商品的价格分别为 p_1，p_2，$\cdots$，p_n，价格向量 $\vec{P}=(p_1, p_2, \cdots, p_n)^T$；消费者购买消费每种商品的数量分别为 x_1，x_2，$\cdots$，x_n，需求量向量 $\vec{X}=(x_1, x_2, \cdots, x_n)$；消费者在这一时期的收入为 I。则效用函数及约束条件：

$$U=f(x_1, x_2, \cdots, x_n) \tag{5.17}$$

$$\text{s. t.} \quad I=p_1x_1+p_2x_2+\cdots+p_nx_n \tag{5.18}$$

二、效用最大化

从上述效用函数的形式可以看出，效用最大化是在约束条件既定情况下的最大化问题，即条件最大化。

构建拉格朗日函数 $L = U + \lambda\varphi$，有：

$$L(x_1,\ x_2,\ \cdots,\ x_n,\ \lambda) = f(x_1,\ x_2,\ \cdots,\ x_n) + \lambda(I - p_1x_1 - p_2x_2 - \cdots - p_nx_n)$$

$$(5.19)$$

对拉氏函数所有自变量依次求一阶偏导数并令它们都为 0，得到：

$$L'x_1 = MU_1 - \lambda p_1 = 0$$
$$L'x_2 = MU_2 - \lambda p_2 = 0$$
$$\cdots\cdots \qquad (5.20)$$
$$L'x_n = MU_n - \lambda p_n = 0$$
$$L'_\lambda = I - p_1x_1 - p_2x_2 - \cdots - p_nx_n = 0$$

其中 $MU_i = U'x_i$，为第 i 种商品的边际效用。

解得效用最大化条件为：

$$p_1x_1 + p_2x_2 + \cdots + p_nx_n = I \qquad (5.21)$$

$$MU_1/p_1 = MU_2/p_2 = \cdots = MU_n/p_n = \lambda \qquad (5.22)$$

即在既定收入约束下，消费者每种商品的相对边际效用（边际效用除以价格）相等。

三、效用最大化的几何图形

效用最大化的点是商品相对边际效用相等的点。以两种商品为例，两种商品相对边际效用相等点构成一条弧线，在该弧线上的点满足相对边际效用相等 $MU_1/p_1 = MU_2/p_2$（见图 5-3）。又：

由 $MU_1/p_1 = MU_2/p_2$ 有 $MU_1/MU_2 = p_1/p_2$。

且由于 $MU_1 = dU/dx_1$　$MU_2 = dU/dx_2$，故有：$dx_2/dx_1 = p_1/p_2$。

即弧线 $MU_1/p_1 = MU_2/p_2$ 等价于弧线 $dx_2/dx_1 = p_1/p_2$，相对边际效用相等等价于：两种商品的边际替代率等于两种商品价格之比。

由于消费者受到收入约束，因此效用最大化是上述曲线与收入约束线 $p_1x_1 + p_2x_2 = I$ 相切的点。

若用图形表示 n 种商品的效用最大化，需理论上的 n 维图像。

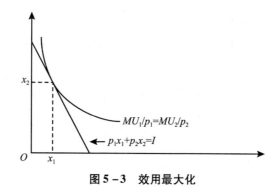

图 5-3　效用最大化

第四节　本 章 小 结

最大化问题是衡量资源配置效率的重要尺度。本章以最大化的一般数学条件为准则，回答的主要问题：（1）生产者利润最大化的条件是怎样的？（2）消费者效用最大化的条件是怎样的？（3）它们的几何表现是什么？本章是后面章节分析资源宏观配置效率的重要基础。

本章在对收益和成本进行分析的基础上，构建了自己的收益函数、成本函数和利润函数，考察了利润最大化的条件。对效用最大化的条件进行了介绍和分析。

本章的理论和实践贡献在于：（1）分析了主流经济学利润函数中存在的决定收益的自变量与决定成本的自变量指代不清、自变量同时代表销售量和生产量两个不同因素的问题。（2）在利润函数中按照逻辑和现实明确了自变量指代，并延续前面章节的逻辑在函数中增加了无效供给因素，考察了它们对最大化的影响，提示在社会分工和交换为基础的经济条件下，对无效供给应有足够重视。

第六章 均衡理论

第一节 均衡的含义与特征

一、主流经济学均衡的含义与特征

在主流经济学中，均衡指有关经济变量特别是供给和需求在相互制衡、相互作用下，由于力量形成均势，从而在表现状态上，相对长期地驻留在某一点达到基本静止的稳定状态，或相对长期地平稳运行于某一线达到几无振荡波动的稳定状态，以及一旦由于外力影响发生偏离，也能自动回归稳定的状态。例如，均衡产量是指供求一致时的产量，均衡价格是指供求一致时的价格，单个市场均衡是指单一市场达到供求一致，一般均衡是指所有市场同时实现供求一致，均衡增长路径是指供求始终处于一致的经济稳定增长轨迹……

主流经济学认为，经济事物之所以在均衡时会达到基本静止的高度稳定状态，一是决定该经济事物的力量（供给与需求）由于均势而相互制约、相互抵消；二是该经济事物相关利益方（供给方和需求方）的愿望都能够得到满足，没有不满足现状的新的利益诉求。

二、对主流经济学均衡概念的分析

主流经济学之所以追求这样一种静态稳定均衡，有其朴素而深层次的原因。

第一，如果这样一种均衡在现实中存在，经济运行可以自动达到相对静止、无振荡的高度稳定状态，即使由于外部因素影响而背离均衡状态也能自动回归，那么对于经济运行，也就没有人为干预的必要性。

第二，如果这样一种均衡在现实中存在，供给和需求、厂商和消费者的愿望都满足现状，没有改变现状的愿望，则整个社会的福利是最大化的，资源配置达到效率顶点而最优，这样的经济制度是最优的。因为此时改变双方之间的分配将造成其中一方不满和总体利益减少，按照帕累托原理此时为资源配置效率最大的顶点。

第三，这样一种高度稳定的均衡可被刻画为数学上的一个点、一条线，有利于使用数学工具进行分析。

然而，其一，这与人们日常所见并不相同。现实经济中，市场经常处于波动之中，从日用品、耐用品到基础产品，所有商品的价格都处在浮动、变动之中，尽管其幅度有大小区别。其二，事实上，如果均衡是静止的状态，供求双方的愿望都得到了满足，供给和需求的力量制约与抵消使市场达到一种稳定静止的状态，那么，新产品、技术创新的动力从何而来？摆在我们眼前的日新月异的世界经济发展是怎样出现的？静止状态不会内生变革与发展的力量。其三，只要市场结构不是绝对的垄断，则不论供给方还是需求方都难以达成协同行动。即使宏观总量保持不变，宏观形势与上期完全相同，也总会有供给者和需求者为追求利润最大化和效用最大化而调整自己的供给和需求策略，从而引起供给和需求的总量与结构变化。其四，经济制度只有更好，没有最好，我们本来也不应追求最好。我们无从洞见人类历史长河的尽头，也就无从谈论最好。我们承认市场经济制度不是资源配置的顶端，但它是迄今为止人类历史上最有效的资源配置方式，这就足以成为我们选择市场经济的理由；并且，恰恰因为它并没有使所有人都满足、安于现状，它给予人们的无限想象和愿望激发了生产力发展的广阔空间，所以，才是富有活力的制度。

三、本书关于均衡的定义

均衡是动态的、相对的平衡。是指有关经济变量特别是供给和需求在既相制约、又相引导下，在运动中达成的、通过波动体现出的、有一定区间幅度的基本平衡；当达到均衡状态时，不是趋于静止，而是存在继续运动变化的冲动，这种冲动往往导致又暂时离开均衡；且均衡点由于决定它的函数关系的改变而在动态中变化，每一期的均衡点既在一定程度上受到原有运动惯性形成的运动轨迹影响，又创造着新的运动轨迹（见图 6 - 1）。

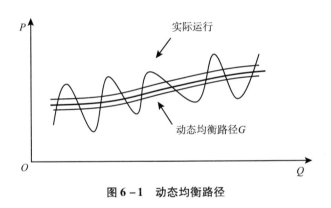

图 6 - 1　动态均衡路径

本书以动态均衡作为均衡理论的基本观点。

四、均衡的特征

（一）均衡是相对的，不是绝对的

均衡不是供给和需求完全相等，而是一定幅度、一定区间范围内的均衡。供求差额（超额供给、超额需求）在一定幅度内是允许的。

（二）均衡是动态的，不是静止的

1. 均衡是在动态中形成的。某一时刻的供求大致相等，是供求运动的结果，是运动中形成的。

2. 供给和需求内含着运动、改变的因素，供给、需求与供求关系始终处于运动与变化之中。即使处于基本平衡的均衡状态中的供给和需求，仍然内在着运动、改变的冲动与力量，这种冲动和力量使之不是相对持久地停留在基本静止的稳态中，而是随时会由于运动与改变而打破和离开目前的均衡。

第二节　动态均衡的原因

均衡之所以是动态变化而非静止稳态的，是由供求运动的客观状态决定的。在供给与需求的运动之中，供给和需求两个基本元素、供求价格机制和竞争机制两个基本力量，同时创造着稳定性与不稳定性。

一、稳定的力量

（一）投资和供给在自动地适应市场需求

供给有适应需求的倾向。供给只有适应市场需求，把产品卖出去，才能回收成本、取得利润，产品才能得到实现。不能适应市场需求的产品，成为非意愿存货、积压商品而被销毁，供求被强制性地平衡。

（二）供求价格机制内含一定程度的稳定功能

供求价格机制是以需求为导向、以价格为信号和手段的机制。供求价格机制具有内在的自动稳定功能，当供给与需求的差额达到一定程度时，价格变动将使供给和需求各自产生折返力量。

（三）竞争机制内含一定程度的稳定功能

竞争是市场经济制度最本质的特征。竞争机制包含着优胜劣汰、开放市场、自由流动、分散决策等丰富深刻的内涵，是供求价格机制正常发挥作用、资源得以有效配置的根本。要素自由流动、平等开放市场、独立分散决策的制度，使不断有其他行业、其他地区的新资本、新力量进入市场形成竞争，纠正可能形成的垄断，一定程度维系着市场均势状态，有利于平衡稳定。

二、不稳定的力量

（一）供给的利润冲动与创新追求

生产者有追求利润的冲动，有追求产品创新、完善与提升产品的愿望。这使生产者往往即使在知道市场需求总规模不变的情况下，也会在降低成本、创新产品的同时增加生产，希望自己通过竞争取得比目前更多的利润和市场占有率。

投资是增长的发动机，创造着供给，投资和供给的增长既满足着需求，推动着经济增长，但也改变着供求平衡关系，给经济带来不稳定因素。此外，供给进行的创新能否被消费者接受、能否被需求认可存在不确定性，也给经济带来不稳定性。

（二）需求的多样性与易变性

需求处于变化之中，是最活跃的力量。人们是好奇的，不断追求着新事物；按照前述马斯洛需求层次理论，人们追求更高级需要。需求的多样性与变化性不竭地创造着可供开发的广阔市场空间，提供着新的生产领域，创造了经济发展的无限可能；但同时也使生产者面对的市场环境始终处于变化之中，供给始终面临着市场需求的变化，面临着应对变化的挑战，这给供给带来不确定性、不稳定性。

（三）供求价格机制的稳定功能是有限的

前面提到，当供给与需求的差额达到一定程度时，供求价格机制产生的价格变动会使供给和需求形成折返的力量，但是，该功能是有限的，因为它虽然具有使供求向相反方向运动的机制，具有回调力量，却没有回到原点的必然。

已如第四章所述，在供给和需求决定价格的关系中，有效供给和有效需求决定当期均衡价格与产量，$P_t^* = P(SE_t, DE_t)$、$Q_t^* = Q(SE_t, DE_t)$；在价格引导供给和需求的关系中，是引导下一期供给和需求，$S_{t+1} = S_1(P_t)$，$D_{t+1} = D_1(P_t)$，而后供给分离为无效供给 SN_{t+1} 与有效供给 SE_{t+1}，需求分离为无效需求 DN_{t+1} 与有效需求 DE_{t+1}，如此循环。在这样的过程中，供给和需求能否对供求偏离做出反应，取决于价格对供求偏离的灵敏程度、供给和需求对价格的灵敏程度。当供求价格机制发挥调节作用时，供求价格机制是使供给和需求各自向相反方向运动，但不是使价格与产量回到供求运动之前的均衡位置。因为在上述运动过程中，映射已发生改变，$S_1 \to S_2 \to \cdots \to S_n$，$D_1 \to D_2 \to \cdots \to D_n$，反函数关系 $P = S^{-1}(S)$、$P = D^{-1}(D)$ 不存在了，P 与 Q 无法沿着原先的映射回到原先起始的位置。

（四）竞争机制会形成一定程度的不稳定性

竞争机制的优胜劣汰、能力为先的机制是经济增长的发动机、社会活力的源泉，但其在发挥作用过程中带来的一些厂商破产、资源转移、劳动者摩擦性失业，对经济运行的稳定性和社会稳定存在一定程度的影响。

（五）来自经济系统外部的干扰

除上述经济系统的内部因素外，一些外力也会形成不稳定因素。一是自然因素的影响。例如到目前为止人类的农业生产在很大程度上还受到气候的影响，一些原材料的开采状况直接影响着工业产品的供给和供求关系变化。二是国际局势的变化。例如主要原材料出口国发生政变、战争，或进口国与原材料出口国外交关系恶化等，都会影响进口国的工业产品供求稳定。

综上，由于供给和需求两个基本经济元素、供求价格机制和竞争机制两个基本经济机制，同时创造着稳定与不稳定两种力量，因此，供给与需求的关系不断处于调整与发展之中，均衡是动态调整中的平衡，是动态均衡。

第三节 动态均衡中的发展动力：不稳定性、不对称性

一、不稳定性、不对称性是运动和发展的动力

从上述动态均衡原因或形成机制分析可以看到，在稳定性与不稳定性两种力量中，稳定性促进供求一致，减少波动；不稳定性为供给和需求提供着主动做出改变的内在动力，提供打破现有平衡的冲动，一旦供给或需求任何一方在其推动下率先做出改变，则原先的供求均势、力量对称性被突破，供求对比形成不对称，开启供求新一轮相互适应与发展的过程，带动量的增长、质的提升。

二、不对称性的来源：供给冲动和需求冲动

前面在动态均衡原因中所述供给和需求的主动变化，在这里我们称之为供给冲动、需求冲动。

（一）供给冲动

供给冲动，是即使在总的市场容量没有改变，市场需求并无增量或增量不大的情况下，一些厂商也必然具有的为追求利润、追求市场占有率而增加产量、创新产品的动机与行为。

（二）需求冲动

需求冲动，是即使在收入没有改变，并无增量或增量不大的情况下，消费者在微观上受个人生理和心理成长、家庭情况变化等影响，也必然出现的调整改变消费偏好和消费策略、使需求发生变化的动机与行为，表现在宏观上是社会消费结构的变化。

（三）供给冲动和需求冲动的来源

供给冲动的动力来源主要有：追求利润；追求创新；竞争压力和动力等。需求冲动的动力来源主要有：人口结构的客观改变，如老龄化、年轻化；社会审美或价值取向的变化，如流行元素改变，追求新奇与变化等。

三、不对称性引起发展的过程

不对称性引起发展是供给和需求交互引导与博弈的过程。供给和需求这对矛盾中，只要一方做出的改变能够对另一方产生实质性刺激，例如供给方率先推出了需求方尚未明确想到但潜在需要的某个功能性电子产品，则必然引起连锁反应。在本例中当 $S \to S_1$ 后，有：$D_1 = A(S_1)$，$S_2 = B(D_1)$，$D_2 = C(S_2)$，$S_3 = D(D_2)$ ……

第四节　动态均衡路径的形成

在供给、需求与价格的交替影响中，如前所述，由于其映射关系在每一期都在改变，因此它们不是各自返回运动前的原点，而是每一期均衡既一定程度受到原有运动惯性形成的运动轨迹影响，又创造着新的运动轨迹，在动态中变化（见图 6-2）。

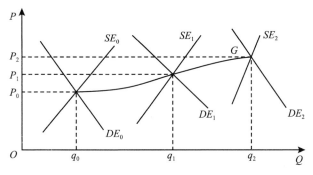

图 6 - 2 供求动态均衡路径的形成

因此，均衡不是静止不动、回归起点的平衡，而是动态调整、发展变化中的平衡；是短期上处于波动，长期上形成趋势的平衡。满足是相对的，改变是绝对的。

第五节 均衡的种类

一、产出均衡

产出均衡，也称现实均衡，是指厂商实际生产并提供市场的商品有效供给量与有效需求量大致相等的状态。由于是现实提供到市场的商品，因此其均衡状况影响市场价格。如无特别说明，均衡一般指产出均衡。

二、产能均衡

产能均衡，也称潜在均衡，是指厂商拥有的生产线能够生产出的产品量即生产能力与有效需求量大致相等的状态。由于不是真实的产出，因此产能均衡与否不影响商品的市场价格。产能均衡可以反映资源利用情况，即资源的充分就业情况，如果开工率过低，说明资源未达到充分利用。

第六节　单一商品市场的均衡

第四章实际上就是单一商品市场的均衡。

一、主流经济学的理论

主流经济学认为：（1）价格决定供给和需求，$S = S(P)$、$D = D(P)$；（2）供给和需求决定价格，$S(P^*) = D(P^*)$，也即 $P = S^{-1}(S)$ 且 $P = D^{-1}(D)$；（3）若价格和数量没有在 p^* 和 q^* 的位置上，例如在 p_1 和 q_1 位置，则价格的分歧、供求量的分歧将使价格和成交（交易）量回到 $p^* q^*$ 的位置上（见图4-3），供求价格机制作用的结果，将会使供给、需求、价格相互形成均势，停留在不再变动、平衡静止的稳定状态。

二、本书的分析

主流经济学之所以能够得出若价格和数量背离 $p^* q^*$，则价格分歧、供求量分歧将使价格和成交（交易）量回到 $p^* q^*$ 位置上的结论，是由于在主流经济学的模型中，在价格决定供求 $S = S(P) D = D(P)$、供求决定价格 $S(P^*) = D(P^*)$ 的关系中，主流经济学未将其区分为时间不同、有先有后的两步关系，也未区分两步关系中需求与有效需求、供给与有效供给的差别，而是作为在同一时间、相互循环决定的关系，因此映射 S、D 没有变化。这样，在第一层关系即价格决定供求的关系中被价格 P 决定的供给 S 和需求 D，在第二层关系即供求决定价格的关系中，就沿着原先的映射路径回到了出发点，由此得出均衡点静止不变的结论。可见，主流经济学的静止稳态结论是通过重叠不同时期、固定映射关系进行循环论证得出的。

关于供求、有效供求与价格之间的决定、引导、分化形成的过程，已在第四章详细论述，此处不再赘述。关于动态均衡的动力和根源，在本章前面进行了论述。简言之，由于供给冲动和需求冲动，供求在达到均衡时仍具有继续改变的内在动力，这使供求不是静止地停留于均衡，而是继续运动暂时背离均衡；由于在不同时间上映射关系的改变，价格和数量无法回到先前的出发点，而是随着时间的推移形成新的均衡，创造新的均衡点；经济变量在运动中波动前行，时而达成动态均衡。

由于本书到目前已详细说明了需求与有效需求、供给与有效供给的区别与联系，从下节开始如无特殊说明，需求均指有效需求，供给均指有效供给。

第七节　要素市场的均衡

一、生产要素的概念

生产要素，简称要素，是参与社会生产、创造社会财富必不可少的生产手段。主要包括劳动力、土地、资本、人力资本、综合因素五个要素。不同的教科书、学派、经济管理者，出于对生产关注的侧重点和对要素重视程度不同，归纳的生产要素有差异。

从本源上说，劳动力实际上包括数量和质量两个方面。劳动力的数量，常用 L 表示；劳动力的质量、素质、人的智力，正是近些年被人们热议的"人力资本"。由于随着社会的发展，"人力资本"日益重要被独立出来，因此通常与"人力资本"同时使用的劳动力主要指简单劳动或劳动力数量。

在上述五个生产要素中，前四个是独立要素；综合要素是指附着在生产过程中、不可独立分割、对投入产出效率形成综合影响的技术和管理因素。

劳动力和资本是迄今为止的人类社会生产两个最基本的要素，本节针对这两个要素市场的均衡进行重点分析。

二、生产要素价格的决定

生产要素价格又称要素报酬。劳动力要素和人力资本要素的报酬是工资（w），资本要素的报酬是利息（r），土地要素的报酬是地租（lr）。

与商品市场上商品价格由供求关系决定一样，生产要素的价格（报酬）是由要素市场的供给和需求决定的。

要素市场的供给者与需求者，刚好与商品市场相反。商品市场的供给者是厂商，需求者是居民家庭；要素市场的供给者是居民家庭，需求者是厂商。厂商与居民家庭互为供求。

三、劳动力市场的均衡

劳动力市场的均衡是由劳动力供求决定的。

（一）劳动力需求

要素需求是派生需求，服从于生产商品的需要，如果不生产商品，也就没有对生产要素的需要。

厂商组织商品生产活动遵循利润最大化原则，因此厂商对要素的需求是使利润最大化的需求。已如第五章所述，利润最大化的一阶数学条件是利润函数对每个生产要素（自变量）的一阶偏导数都等于 0，因此对于劳动力要素，有利润最大化条件：劳动力要素的边际生产力等于该要素的全部边际成本 $R'_L = C'_L$。

等式左边，R'_L 为劳动力的边际收益。一般来说，要素边际收益随要素投入量的增加呈先增后减趋势，每增加 1 个单位生产要素投入所带来的产出增量，起先呈递增趋势，当达到一定量后，呈递减趋势。要素的边际收益随要素投入量先增后减的原因，一是工业生产普遍存在规模效益点。在生产规模较小时，增加要素投入可发挥要素的集约作用，获得比要素投入量增加更快的产量增加，当生产规模达到较高水平，规模效益已充分发挥后，再增加要素投入，则造成要素浪费和效率下降，产量增加慢于要素投入增加。二是商品市场是有容量的。要素是用于生产商品的，某种商品问世后，起先商品供不应求，市场空间广阔，随着商品持续生产，供应量增加，市场饱和度提高，竞争趋于激烈，使商品价格下降，从而要素边际收益下降。因此，劳动力的边际收益是劳动力投入数量的函数 $R'_L = R'_L(L)$，且先增后减（见图 6 – 3）。

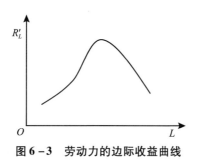

图 6 – 3　劳动力的边际收益曲线

等式右边，C'_L 为劳动力的边际成本。已如第五章所述，劳动力边际成本等于工资加劳动力边际无效供给 $C'_L = \partial UNS/\partial L + w$。

当利润最大化即 $R'_L = C'_L$ 时，有 $R'_L - \partial UNS/\partial L = w$。由于 R'_L 是劳动力投入数量的函数 $R'_L = R'_L(L)$，故 $R'_L - \partial UNS/\partial L$ 也是劳动力投入数量的函数，令 $F(L) = R'_L - \partial UNS/\partial L$，则利润最大化条件为 $F(L) = R'_L - \partial UNS/\partial L = w$，对于一个给定的工资水平 w_i，有 L_i 与之对应，使 $F(L_i) = R'_L - \partial UNS/\partial L = w_i$。厂商以利润最大化为目标形成的劳动力要素需求函数为曲线 $F(L_i) = R'_L - \partial UNS/\partial L = w_i$（见图 6 – 4）。

图 6 – 4 是单个厂商的劳动力要素需求曲线。对于整个劳动力要素市场而言，情况有所不同。当劳动力要素市场供给充足时，厂商们的集合需求不会影响工资（劳动力价格）；当劳动力要素市场供给比较紧张时、劳动力市场存在卖方垄断或者卖方垄断时，工资（劳动力价格）不再是一个

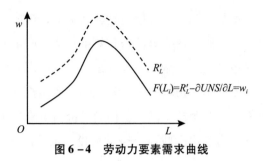

图 6 - 4　劳动力要素需求曲线

固定不变的常量，即 $w \neq w_i$，而是在标准工资 w_i 基础上按照一定函数关系发生了改变，即 $w = f(w_i)$，故这时要素需求曲线改变为 $F(L_i) = R'_L - \partial UNS/\partial L = f(w_i)$，$w_i = f^{-1}(F(L_i)) = \Phi(L_i)$。

（二）劳动力供给

决定劳动力供给的因素主要有以下三个方面。

1. 劳动力的价格。与商品供给是商品价格的函数相同，劳动力供给是工资（劳动力价格）的函数，随工资的提高而增加。事实上，主流经济学关于人们对闲暇和工作的选择，也就是工资对劳动力供给的影响。

2. 生育。与商品供给不同，劳动力供给还要受到生育的影响。商品生产中，生产就是为了销售；而人口生育中，人们在决定是否要孩子、要几个孩子时，通常不是主要考虑孩子长大时是否容易找工作，而是有许多社会因素考虑，但是孩子长大后，势必会形成劳动力供给。因此，劳动力供给与生育数量成同向变化。该因素是导致劳动力市场与商品市场不同，更加不容易达到平衡的重要原因。

3. 失业保险。失业保险过高，人们在失业时领到的救济金越多，影响人们的就业动力。因此，劳动力供给与失业保险成反向变化。

（三）均衡工资与均衡劳动力数量决定的一般情况

根据上述对劳动力供给与需求的分析，均衡工资与均衡劳动力数量的一次决定如图 6 - 5 所示。

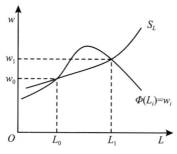

图 6-5 劳动力市场的一次均衡

图 6-5 中，劳动力供求有 2 个均衡点，$w_0 L_0$ 和 $w_1 L_1$。在第 1 个均衡点 $w_0 L_0$ 附近，劳动力需求与工资（劳动力价格）w 同向变动，是由于此时商品市场能够带来大量利润，足以覆盖工资（劳动力价格）w 上升形成的成本，即仍然是商品市场追求利润最大化的需要。

劳动力市场的动态均衡过程与商品市场相同，由于劳动力的供给函数和需求函数也是随时期不断变化的，因此，均衡点随时间发展不断变化，其均衡点连线构成均衡动态路径（见图 6-6）。

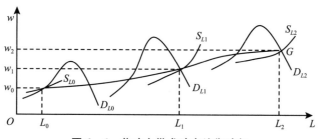

图 6-6 劳动力供求动态均衡路径

（四）劳动力供给过大、需求有限时的极端情况

萨伊认为，真正意义的非自愿性失业是不存在的。情况是否真是如此呢？本书分析如下。

1. 该命题存在的前提条件：价格与交易量变化存在完全替代性。非自愿性失业是指劳动者愿意接受市场供求形成的工资但找不到工作。只有在工资与就业数量可以完全相互替代时，该命题才成立。此时若劳动者找不到工作，劳动力供过于求状况会使工资水平下降，工资下降会使厂商对劳动力的需求增加，即便失业者众多，只要他们接受足够低的市场工资，也能找到工作。推而广之，对于任一种商品，只有其价格与交易数量存在完全的替代性，才不存在非意愿存货。

2. 价格与交易量变化可完全替代的前提：需求无限。只要工资下降，厂商就能够源源不断地提供对劳动力的更多需求；只要工资价格足够低，厂商就能提供一个需求量使无论多么大的劳动力供给量都能全部出清。这意味着随着工资价格的下降，劳动力需求必须可以无限大，换句话说，厂商对劳动力有潜在的无限需求，只是受工资价格影响，需求没有得到充分释放。推而广之，对于任一种商品，价格与交易量变化可完全替代需要的条件是，只要价格下降得足够低，市场就能提供一个需求量将任何一个供给量全部出清，这意味着市场对该种商品本来具有无限的需求，只是价格高抑制了。

3. 然而事实上任何市场都是有容量的。如果厂商至多需要 1000 名劳动力从事生产，即使工资降到每月 1 元，厂商也不形成对更多劳动力的雇用需求。**任何市场都是有规模的，需求量的客观上限可称之为绝对需求量或最大需求量。**绝对需求量与价格无关，它的存在是两方面原因造成的：其一，劳动力需求是派生需求，最终取决于商品需求，由于人们对任何一种商品的需求都是有限的，因此厂商从事该商品生产而产生的对劳动力的需求也是有限的；其二，劳动力需求现实地受到资本数量和资本装备率的限制，例如厂商投入的资本额是 200 万元，该产业的人均资本装备率是 2000∶1，或者说该厂商的生产线可容纳 1000 名工人工作，则需求上限就是 1000 人。

综上，由于需求是有限的，因此劳动力价格（工资）与就业数量不能完全替代，即不能通过降低价格的方式获取任意大的就业量。因此，非自愿性失业不存在的命题是错误的。

当劳动力的绝对需求量小于供给量、存在非自愿性失业时，工资和就业数量的决定见图 6-7（为直观起见以直线代替表示前述劳动力供给曲线和需求曲线)。

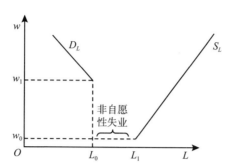

图 6-7 劳动力绝对需求量小于供给量时工资和就业数量决定模型

在图 6-7 模型中,由于生育等原因劳动力供给量较多,在工资降到极低的水平上仍有 L_1 人愿意接受工作;但由于商品需求、资本数量和资本装备率等限制,劳动力最大需求量为 L_0,则此种情况下就业量为 L_0,是劳动力最大需求量与愿意接受工作的劳动力数量相比的较小值;工资为极低水平 w_0,是劳动者愿意接受的工资。因此,在劳动者愿意接受市场工资时仍存在失业,该失业为非自愿失业,且非自愿失业量为 $L_1 - L_0$。

事实上,上述情况不但会发生在劳动力市场,在商品市场也会发生,在商品市场表现为即使价格降到极低,商品仍不能全部出清的现象。1931年大萧条时牛奶被倒入海中就是此类情况。通常主要发生于两种情形下:一是市场容量有限而供给过多,降低价格也不会带来市场容量大幅扩充;二是价格比较低,销售成本比较高的产品,由于成本的存在,如果通过降价解决销量会得不偿失。

四、资本市场的均衡

资本市场的均衡是由资本供求决定的。

(一) 资本需求

已如前述,要素需求是派生需求,服从于生产商品的需要。厂商组织商品生产活动遵循利润最大化原则，因此对资本要素的需求也服从服务于利润最大化原则。利润最大化的一阶数学条件是利润函数对每个生产要素（自变量）的一阶偏导数都等于0，因此对于资本要素，有利润最大化条件：资本要素的边际生产力等于该要素的全部边际成本 $R'_K = C'_K$。

等式左边，R'_K 为资本的边际收益。已如前述，要素边际收益随要素投入量的增加呈先增后减趋势。因此，资本的边际收益是投入资本量的函数 $R'_K = R'_K(K)$，且先增后减（见图6-8）。

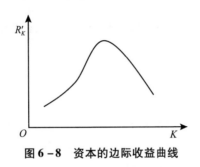

图6-8 资本的边际收益曲线

等式右边，C'_K 为资本的边际成本。已如第五章所述，资本边际成本等于利率加资本边际无效供给 $C'_K = \partial UNS/\partial K + r$。

当利润最大化即 $R'_K = C'_K$ 时，有 $R'_K - \partial UNS/\partial K = r$。由于 R'_K 是投入资本量的函数 $R'_K = R'_K(K)$，故 $R'_K - \partial UNS/\partial K$ 也是投入资本量的函数，令 $F(K) = R'_K - \partial UNS/\partial K$，则利润最大化条件为 $F(K) = R'_K - \partial UNS/\partial K = r$，对于一个给定的利率水平 r_i，有 K_i 与之对应，使 $F(K_i) = R'_K - \partial UNS/\partial K = r_i$。厂商以利润最大化为目标形成的资本要素需求函数为曲线 $F(K_i) = R'_K - \partial UNS/\partial K = r_i$（见图6-9）。

图6-9是单个厂商的资本要素需求曲线。对于整个资本要素市场而言，情况有所不同。当资本要素市场供给充足时，厂商们的集合需求不会影响利率（资本价格）；当资本要素市场供给比较紧张时、资本市场存在卖方垄断时，利率（资本价格）不再是一个固定不变的常量，即 $r \neq r_i$，而是在标准利率 r_i 基础上按照一定函数关系发生了改变，即 $r = f(r_i)$，故

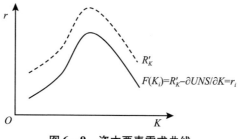

图 6-9 资本要素需求曲线

这时要素需求曲线改变为 $F(K_i) = R'_K - \partial UNS/\partial K = f(r_i)$，$r_i = f^{-1}(F(K_i)) = \Phi(K_i)$。

（二）资本供给

1. 从短期看，由于资本来自储蓄，而短期内储蓄不变，因此资本供给是固定的。

2. 从长期看，资本随利率的提高而增加，但是如果利率增长得太高，有时也会造成贷款者认为资本极为稀缺，或认为风险过大，反而减少资本供应的情况。

（三）均衡利率与均衡资本量的决定

1. 根据上述对资本供给与需求的分析，短期资本市场均衡的一次决定如图 6-10 所示。

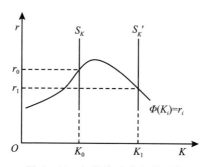

图 6-10 短期资本市场的均衡

图 6 - 10 中，r_0、K_0 是资本供给为 S_K 时的均衡价格和资本量，r_1、K_1 是资本供给为 $S_K{}'$ 时的均衡价格和资本量。

资本市场的动态均衡过程与商品市场相同，由于资本的供给函数和需求函数也是随时期不断变化的，因此，均衡点随时间发展不断变化，其均衡点连线构成均衡动态路径。

2. 长期资本市场均衡如图 6 - 11 所示。

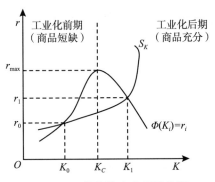

图 6 - 11　长期资本市场的均衡

从长期资本市场均衡可以看出，资本供给曲线与资本需求曲线有两次相交，这意味着资本市场存在 2 个均衡点。在第 1 个均衡点 K_0 附近，资本需求为增函数，之所以会出现与利率（资本价格）r 同向变化的情况，是由于此时商品市场能够带来大量利润，足以覆盖利率（资本价格）r 上升形成的成本，因此商品生产、资本需求、资本价格同时增长。该阶段是刚开始商品生产，商品短缺、需求巨大的工业化前期。在第 2 个均衡点 K_1 附近，资本需求为减函数，与利率（资本价格）r 反向变化。该阶段是商品市场供给充足、品种丰富，社会资本充足的工业化后期。划分工业化前期与工业化后期的分界点为 K_C，此时利率（资本价格）r 达到最高点 r_{max}。

第八节　全部市场的一般均衡

一、一般均衡的概念

局部均衡是研究单一商品（或要素）市场的均衡，商品的供给和需求由其自身价格决定，是自身价格的函数。

然而在现实经济中，每种商品的供求和价格不是各自独立决定的，而是联动的，是相互关联、相互波及、相互影响的。某一商品的价格变化必定带来其他一系列相关商品价格的变化。通常而言，替代品的价格成同向变动，互补品的价格成反向变动，这是由于替代品本质上是同类商品，一种商品价格提高，在其他条件不变情况下，将带来替代品需求增加，如洗衣粉和洗衣液；互补品是需要共同使用的、功能互补的商品，一种商品价格提高，在其他条件不变情况下，不但使自身需求减少，也会连带使需要配合使用的互补品需求一并减少，如化妆品和卸妆油。

一般均衡研究全部市场同时均衡，考虑不同商品价格之间的连带影响，每一种商品的供求均衡状况不但取决于该种商品自身的价格，而且受到其他商品价格的影响，研究所有商品市场同时达到均衡的条件与可能性。

二、瓦尔拉斯一般均衡理论和此后经济学家的探索

瓦尔拉斯是最先研究一般均衡的经济学家。瓦尔拉斯一般均衡模型，假定全社会有 n 种商品，则有：

$$Q_1^d(P_1,\ P_2,\ \cdots,\ P_n) = Q_1^s(P_1,\ P_2,\ \cdots,\ P_n)$$

$$Q_2^d(P_1,\ P_2,\ \cdots,\ P_n) = Q_2^s(P_1,\ P_2,\ \cdots,\ P_n)$$

$$\cdots\cdots \tag{6.1}$$

$$Q_n^d\ (P_1,\ P_2,\ \cdots,\ P_n)\ = Q_n^s\ (P_1,\ P_2,\ \cdots,\ P_n)$$

如果方程组有解，存在一组价格 $P^* = (P_1^*,\ P_2^*,\ \cdots,\ P_n^*)$ 使上述方程组成立，则一般均衡可以实现。

瓦尔拉斯根据方程组中方程的个数与未知变量的个数相等，判断存在一组价格使方程组成立，即一般均衡存在。但是方程个数等于未知变量个数实际上并非方程有解的数学条件。

在瓦尔拉斯提出一般均衡以后，经济学家对一般均衡进行了进一步研究，进行了改进和发展。特别是拓扑学的发展，为一般均衡理论研究提供了有力分析工具。阿罗利用不动点定理，证明在严格条件下一般均衡存在，这些条件包括：任何厂商都不存在规模报酬递增，每一种商品的生产至少必须使用一种原始生产要素，任何消费者所提供的原始生产要素都不得大于它的初始存量，每个消费者都可以提供所有的原始生产要素，每个消费者的序数效用函数都是连续的，消费者的欲望是无限的，无差异曲线凸向原点等。

上述这些条件，有些在现实经济生活中是存在的，如每一种商品的生产至少必须使用一种原始生产要素等；但是有些与经济现实是不一致的，如任何厂商都不存在规模报酬递增、任何消费者所提供的原始生产要素都不得大于它的初始存量等，因为现实中存在规模报酬递增产业，随着生产要素的积累和收入分配结构的变化，一部分消费者提供的原始生产要素必然大于初始存量。也就是说，由于阿罗论证的上述一般均衡条件在现实经济中不能全部满足，因此一般均衡只是存在于理论中的模型，在现实经济中无法实现。

三、本书关于一般均衡的探讨

设全社会有 n 种商品（包括要素），每种商品的需求为 X_i^d，每种商品的供给为 X_i^s，每种商品的需求和供给都不但取决于自身价格而且受到其他商品价格的影响，则有：

需求函数：

$$X_1^d = a_{11}P_1 + a_{12}P_2 + \cdots + a_{1n}P_n$$

$$X_2^d = a_{21}P_1 + a_{22}P_2 + \cdots + a_{2n}P_n$$

$$\cdots\cdots \quad (6.2)$$

$$X_n^d = a_{n1}P_1 + a_{n2}P_2 + \cdots + a_{nn}P_n$$

供给函数：

$$X_1^s = b_{11}P_1 + b_{12}P_2 + \cdots + b_{1n}P_n$$

$$X_2^s = b_{21}P_1 + b_{22}P_2 + \cdots + b_{2n}P_n$$

$$\cdots\cdots \quad (6.3)$$

$$X_n^s = b_{n1}P_1 + b_{n2}P_2 + \cdots + b_{nn}P_n$$

供求差额函数：

$$X_1^{d-s} = c_{11}P_1 + c_{12}P_2 + \cdots + c_{1n}P_n$$

$$X_2^{d-s} = c_{21}P_1 + c_{22}P_2 + \cdots + c_{2n}P_n$$

$$\cdots\cdots \quad (6.4)$$

$$X_n^{d-s} = c_{n1}P_1 + c_{n2}P_2 + \cdots + c_{nn}P_n$$

$$(其中：c_{ij} = a_{ij} - b_{ij})$$

则供求差额为 0 时函数可写为：

$$\begin{pmatrix} c_{11} & c_{12} & \cdots & c_{1n} \\ c_{21} & c_{22} & \cdots & c_{2n} \\ \cdots & \cdots & \cdots & \cdots \\ c_{n1} & c_{n2} & \cdots & c_{nn} \end{pmatrix} \begin{pmatrix} P_1 \\ P_2 \\ \cdots \\ P_n \end{pmatrix} = \begin{pmatrix} 0 \\ 0 \\ \cdots \\ 0 \end{pmatrix} \quad (6.5)$$

理论上，由于该方程为 n 阶齐次线性方程组，根据数学定理，当 $r(A) < n$ 时，方程有非零解，此时存在价格向量 $\vec{P}$ 可以使一般均衡实现，并且，若 V_1，V_2，$\cdots$，V_{n-r}是方程组的一个基础解系，则该方程的全部解即全部能够使该经济系统一般均衡得以实现的价格 $\vec{P}$ 为：

$$C_1V_1 + C_2V_2 + \cdots + C_{n-r}V_{n-r}（C_1，C_2，\cdots，C_{n-r}为任意常数）$$

$$(6.6)$$

然而，若现实中真的发生一般均衡，经济会是什么状态呢？主流经济学的均衡是指几乎静止的稳定状态。当单个市场均衡时，供求完全一致，市场上既没有厂商意想不到的"多余"需求，也没有消费者意想不到的"多余"产品，价格不再波动；当一般均衡出现时，该经济中所有市场全部同时达到上述状态，每一个市场一律供求完全吻合，价格固定不变，在这样一种全面静止的高度稳定状态，没有意外供给对需求的刺激，也没有意外需求对供给的诱导，不存在供求在相互引导中动态适应与调整，经济将失去活力。我们本不应追求一般均衡。无论单个市场还是整个经济，正是在供给冲动、需求冲动这些不稳定性、非平衡性的推动下，在供给与需求的动态适应与调整过程中，兼顾着活力与均衡而向前发展的。

第九节　产品市场与货币市场的均衡

一、产品市场与货币市场均衡与一般均衡的关系

（一）理论差异

前述以瓦尔拉斯为代表的一般均衡，指的是所有单个市场的同时均衡，关注总体内部的个体（单个市场），研究的是个体（单个市场）之间的相互关系。产品市场与货币市场的均衡，研究的是总体或总量均衡，把产品市场作为一个整体研究对象，而不关注产品市场内部每一种商品、每一个单个市场的状况。

因此，若达到一般均衡，经济生活中每一种商品的供给与需求都是相等的，经济从单个市场到总体都处于一种高度稳定的静止状态；而产品市场与货币市场均衡时，社会总供求相等，货币总供求相等，但就产品市场内部某一具体商品而言，却不一定供求相等。可见，一般均衡具有更多的微观经济学特征，产品市场与货币市场均衡属于宏观经济学。

（二）应用差异

一般均衡以单个市场均衡、每一种商品供求相等为前提，但我们知道，市场是可以无限细分的，商品种类不计其数，差异性是划分市场的标志，存在差异性的商品就是不同的市场，且供给与需求每时每刻都创造着新的产品功能与式样，创造着商品的差别从而创造着新的商品和新的市场。一般均衡着眼于单个市场，看似更接近实际，实则将市场及每一种商品供求固化，反而与实际更远。因此，以所有单个市场均衡为内涵的一般均衡，只适合进行纯粹的理论探讨，进行计量经济学应用研究都非常困难，对经济管理实践的意义有限。产品市场与货币市场的均衡，着眼于总供给、总需求，在经济总体均衡、市场机制能够使单个市场的供求大致平衡时，某一具体商品的供求存在差异既是正常的，又往往能够被相近市场吸收——实际上许多单个市场的边界是模糊的，需求在不同市场之间具有一定程度的自由适配性、随机选择性。因此，研究总量均衡而不去关注所有单个市场都达到均衡与否，必要时关注某些重要基础产品的均衡，既符合经济理论，又在现实中能够为经济管理决策提出分析参考。

二、IS – LM 模型

关于产品市场和货币市场的均衡，主流经济学有 IS – LM 曲线模型。

（一）产品市场均衡的描述

在两部门经济下，社会总需求 $Y_d = C + I$。

又由于消费是收入的增函数，投资是利率的减函数：$C = \alpha + \beta Y_s$，$I = e - dr$。

故社会总需求为 $Y_d = C + I = \alpha + \beta Y_s + e - dr$。

又由于社会总供给为 Y_s。

故社会总供求平衡时 $Y_s = Y_d = C + I = \alpha + \beta Y_s + e - dr$。

解得产品市场均衡的条件：

$$Y = (\alpha + I)/(1 - \beta) \qquad (6.7)$$

$$或 \ Y = (\alpha + e - dr)/(1 - \beta) \qquad (6.8)$$

$$或 \ r = \alpha/d + e/d - (1 - \beta)Y/d \qquad (6.9)$$

即 IS 曲线。

（二）货币市场均衡的描述

按照凯恩斯主义，对流动性的需求主要包括投机动机、交易动机、预防动机。投机动机对货币的需求是利率的减函数 $L_1(r) = -hr$，交易动机、预防动机对货币的需求是收入的增函数 $L_2(Y) = kY$。

故货币需求为 $L = L_1(r) + L_2(Y) = -hr + kY$。

又由于名义货币供给量为 M，实际货币供给量为剔除价格因素后的货币供给量，实际货币供给量 $m = M/p$。

故实际货币供应量与货币需求相等时 $m = M/p = L = L_1(r) + L_2(Y) = -hr + kY$，解得货币市场均衡的条件：

$$Y = m/k + hr/k \qquad (6.10)$$

或

$$r = kY/h - m/h \qquad (6.11)$$

即 LM 曲线。

（三）产品市场与货币市场同时均衡的条件

由上述模型可以看出，连接产品市场与货币市场的枢纽（也即连接上述两条曲线的共同指标）是利率 r 和收入 Y。

两条曲线的交点为产品市场和货币市场同时均衡点。

三、对 IS – LM 模型的探讨

（一）根据 IS – LM 模型，若进一步拓展到政府部门，增加考虑税收和政府支出因素，得到三部门经济 IS 曲线的方程 $Y = C + I + G = C(Y - T) + I(r) + G$。其中：$T$ 为税收额，$Y - T$ 为可支配收入，此时消费是可支配收

入 $Y-T$ 的函数，G 为政府支出，可以发现利率 r、产出 Y、消费 C、投资 I、政府支出 G 以及税收 T 等具有密切的联动关系。许多人据此得出产出 Y、消费 C、投资 I、政府支出 G、税收 T 变化必然引起利率 r 变化的认识。凯恩斯主义以外的主要经济学流派如货币主义认为离开货币政策单独使用财政政策是无效的，财政政策归根到底是通过调整货币供给、影响利率来发挥作用，若无货币政策配合，政府支出增加只会引起利率上升，形成对民间需求的挤出效应，本质上也是基于这一观点。

然而这一观点忽视了支出增加、需求增加除可能一定程度引起利率变化外，会直接对未来供给和产出增长产生引导刺激作用。事实上，主流经济学的 IS－LM 模型是产品市场和货币市场均衡的模型，IS 曲线是产品市场均衡时的曲线，只有在均衡状态下产出 Y 与利率 r 才是确定性的关系，即产品市场均衡时才有消费、投资、政府支出的增减变化引起利率变化；在非均衡状态下产出 Y 与利率 r 不是一一对应的。这是因为，由于存在过剩产能，未达产能均衡，产出增加可由闲置产能解决，产出变化在一定幅度内被现有产能吸收，不引起利率上升，即在没有达到均衡的条件下，由于资源使用不充分，因此消费、投资、政府支出的增减变化在一定范围内并不会引起利率变化，超出该范围虽然引起利率有所变化但不会使实际产出完全无变化。特别是当我们打算使用财政政策刺激经济增长时，一定是经济周期处于衰退或萧条的阶段，这种情况下存在过剩产能，许多资源闲置未被充分利用，财政政策的使用、支出和投资的增加，不会立即引起利率上升，也不会全部转化为利率上升，而是会对厂商增加供给和产出产生激励，对未充分利用的闲置资源产生调动。

（二）造成前面误解的原因，在于人们忘记了 IS－LM 模型是产品市场和货币市场均衡模型，是两个市场达到均衡时才有的情况，把 IS－LM 模型误解为日常经济运行的模型。这固然与人们的理解有关，但也与 IS－LM 模型本身的描述有关。为此，我们需要在 IS－LM 这个均衡状态模型的基础上，进一步建立一个适用性更广、能够描述包括均衡和非均衡状态在内日常经济运行的一般模型。

在日常经济运行的多数情况下，都未达资源充分利用的产量均衡水平，资源利用小于均衡状态时的资源利用，产出小于均衡产出，故在主流经济学产品市场均衡 IS 曲线基础上建立日常实际经济运行 IS 曲线：

$$Y = (\alpha + I)/(1 - \beta) - C_1 \tag{6.12}$$

$$Y = (\alpha + e - \mathrm{d}r)/(1 - \beta) - C_1 \tag{6.13}$$

（其中，C_1 为任意常数）

即日常经济运行中实际产出 Y 可以是低于均衡产出的任何一个水平的产出。

由于 $Y_r' = - \mathrm{d}/(1 - \beta)$，将实际产出写成不定积分形式，日常经济运行中实际产出：

$$Y = \int Y_r' \mathrm{d}r = \int - \mathrm{d}/(1 - \beta) \mathrm{d}r \tag{6.14}$$

即实际产出是边际利率产出的一族原函数。

在日常经济运行的多数情况下，货币市场未必处于均衡，故在主流经济学货币市场均衡 LM 曲线基础上建立日常实际经济运行 LS 曲线：

$$Y = m/k + hr/k + C_2 \tag{6.15}$$

（其中，C_2 为任意常数）

即日常经济运行中货币供应量可能大于、等于或小于货币需求。

由于 $Y_r' = h/k$，将实际产出写成不定积分形式，日常经济运行中实际产出：

$$Y = \int Y_r' \mathrm{d}r = \int h/k \cdot \mathrm{d}r \tag{6.16}$$

实际产出是边际利率产出的一族原函数。

因经济系统中实际产出只有一个，故不论产品市场与货币市场两市场是否均衡，都有：

$$(\alpha + e - \mathrm{d}r)/(1 - \beta) - C_1 = m/k + hr/k + C_2 \tag{6.17}$$

整理得：

$$m = (\alpha + e)k/(1 - \beta) - [\mathrm{d}k/(1 - \beta) + h]r + C \tag{6.18}$$

用不定积分形式表达为：

$$\int -d/(1-\beta)\,dr = \int h/k \cdot dr \tag{6.19}$$

或根据不定积分的被积函数有：

$$d/(1-\beta) = -h/k \tag{6.20}$$

为包含均衡与非均衡状态在内的产品市场与货币市场的一般运行状态。

第十节　本章小结

本章回答的主要问题：（1）均衡的真实状态是怎样的？是近乎静态、能够回到出发点的稳定吗？（2）使均衡成为动态均衡的原因是什么？（3）劳动力要素市场，如萨伊所说真正意义的非自愿性失业不存在吗？（4）商品市场均衡、要素市场均衡、一般均衡、产品市场与货币市场均衡的状态是怎样的？

本章得出：（1）均衡是动态均衡，由于供给函数、需求函数在不同时期发生改变，因此均衡点也要改变，供求一旦背离均衡，需要重新调整，形成新的均衡，无法再回到原有均衡点，各期均衡点形成动态均衡路径。（2）动态均衡而非静态均衡的原因在于，供给和需求中同时包含着稳定与不稳定两种力量；不稳定使运动产生，使均衡经常被打破，稳定使供给和需求能够在运动中不断调整形成新的均衡；不稳定性、不对称性是发展的动力源泉。（3）由于要素边际收益先增后减规律，因此要素供求通常存在两个均衡点。（4）由于劳动力供给除像普通商品那样取决于价格外，还取决于生育等其他社会因素，因此劳动力市场相比普通商品市场更不容易平衡。（5）若一般均衡实现，将出现高度静态稳定，供求固化，反而失去发展活力。

本章的理论和实践贡献在于：（1）提出了本书的动态均衡理论。（2）在均衡分类上提出了产能均衡的概念，对产出均衡和产能均衡进行区分。（3）明确提出要素边际收益先增后减规律，分析了该规律的形成原因，并以此确定要素需求曲线。（4）得出在劳动力供给过大、需求有限的极端情况，存在非自愿性失业。萨伊关于非自愿性失业不存在的命题是不正确的，该命题的前提是价格与交易量变化存在完全替代性，该前提不存在。商品市场也有类似劳动力市场非自愿性失业的过剩情况。（5）在 IS – LM 模型的基础上，尝试使用积分形式构建可以适用均衡与非均衡状态在内的通用日常经济运行模型。

第七章　市场竞争理论：从微观向宏观的过渡

第一节　竞　　争

一、竞争的定义

竞争，经济学中指市场竞争，是各个厂商为追求生存、盈利、发展壮大、自身商业理想与价值等目标，采取使自身避免劣势、获得优势的一系列策略和行为，形成的相互关系与市场状态。

二、竞争机制在市场经济中的地位

竞争机制与供求价格机制是市场经济最核心、最本质的运转机制，二者相互协同，缺一不可，构成"看不见的手"。市场经济是由竞争机制、供求价格机制等组成的资源配置系统和经济运行模式。

三、竞争机制发挥作用、实现有效竞争的前提条件

（一）独立分散决策

厂商自主经营，能够独立做出有关自身的各项决定，如生产什么产

品、产量、定价、经营策略、进入及退出市场等。若厂商缺乏自主经营权，不能独立分散决策，则厂商既不能基于自身利弊做出选择又缺乏进取动力，厂商间无法形成真正的竞争，竞争机制就无法发挥作用。

（二）明确的交易和利益界限

竞争就是运用资源以取得优势，因此哪些资源属于厂商，厂商可以动用，资源的归属需事先清晰明确。若出现厂商能够动用不属于自身资源开展竞争的情况，或者厂商的经营成果与资源可以被超经济力量随意调整或剥夺的情况，则竞争规则不确定、随意性强，此时的竞争不但不能发挥对经济和社会的促进作用，反而带来负面后果，必然使厂商陷入短期性和投机主义，挫伤长期性和实力主义。

（三）要素自由流动与自由配置

各行业、各地区的市场必须是允许来自其他行业、其他地区的资本、劳动力等生产要素进入经营的，即开放性的（指对国内开放，不一定对外开放），可设置准入条件，门槛可高可低，但必须是一视同仁的和事先明确的。不能对同等情况的资本、劳动力等生产要素进行人为的差别性、选择性的准入对待。这样，同等情况的资本、劳动力等生产要素，面对的才能是完全相同的市场、经营空间、盈利空间，竞争才能发挥优化资源配置的作用。

（四）消费者选择权（市场选择权）

早在 1776 年，亚当·斯密在《国富论》中提出了"看不见的手"原理，即个体追求自身利益达成了有利于他人和社会的结果。"看不见的手"原理是市场经济的重要依据，但也有人对此质疑，个体利己是否会损人利己，一定会达成利他的结果吗？本书认为，选择权的安排十分重要，它是个体利己能否实现为结果利他的决定变量。事实上，竞争有许多方式，既可以是争夺资源使用，也可能是相互攻击，哪种方式最为有效，哪种方式就会被保留确定下来。而哪种方式最为有效，则取决于选择权的安排。由于市场经济对厂商的选择权、评价权被安排给消费者，消费者接受的是降低价格、提高质量、丰富品种、满足需求的竞争方式，才造就了个体利己、结果利他的机制。假定对厂商的选择权、厂商的生存发展不是取决于消费者而是取决于某个机构、社会组织等小团体，则不会形成利于公众消费者的机制，只会是利于小团体的机制。选择权归属的制度安排决定了竞争能否优化资源配置，市场能否产生"看不见的手"的利他机制。

四、竞争的本质

竞争的本质在于以能力为准绳，竞争的核心价值在于机会均等。平等竞争、机会公平、利益均沾、能力决定收益，这些根源于竞争机制的社会理想，是市场精神的灵魂和市场经济的社会意义所在。

五、竞争的种类

本书按照竞争所针对的对象或客体，将市场竞争划分为资源争夺型、交互干涉型、消费者促进型三种。

（一）资源争夺型

即以资源为对象，以共同争夺资源使用为目标导向的竞争，如市场占有率的竞争。

（二）交互干涉型

即以作为竞争对手的厂商为对象，以破坏、扰乱对方为目标导向的竞争，如恶意破坏对手的设施和信誉等恶性竞争。

（三）消费者促进型

即以消费者为竞争客体，以满足消费者需求为目标导向的竞争，如降价、提高产品质量、改进产品性能等。

第二节　同一市场的竞争

一、研究基于的市场类型

主流经济学的许多研究都基于完全竞争市场。完全竞争、完全信息与完全理性假定是主流经济学理论的三大重要假设前提。20 世纪 30 年代，张伯伦和罗宾逊夫人对垄断竞争（不完全竞争）进行了研究，有力补充了主流经济学，将市场分为完全竞争、垄断竞争、寡头垄断、完全垄断四种情况进行了分析研究。

如果按照完全竞争市场，则厂商面对的价格是不变的，对于任一厂商而言价格是外生变量，单个厂商面临的市场需求曲线为：

$$\mathrm{d}：Q(p) = \begin{cases} 0 & p > p^* \\ \text{任一数量} & p = p^* \\ +\infty & p < p^* \end{cases} \tag{7.1}$$

厂商制定的价格如果高于市场价格 p^*，则没有消费者会购买；厂商制定的价格可以低于 p^*，这时厂商可以卖出无穷多产品——只要有这个生产能力，但厂商可以提高售价至 p^* 来获取更多利润；因此，最终该厂商只有选择采取与其他厂商一样的 p^* 为售价。

从上述需求曲线可以看出，完全竞争假定市场容量无穷大，但显然现实中难有符合这一条件的市场，所有市场的容量都是有限的。本书以经济现实中大多数市场状况为研究对象，它们具有以下主要特征：（1）市场上有众多的消费者和厂商，每个买者和卖者购买和出售的商品数量只占全部市场容量的很小一部分；（2）市场容量是有限的，这是由于现实中消费者对某一商品的需求是有限的；（3）市场主体拥有完全信息；（4）厂商可以自由进入或退出市场。上述特征类似于垄断竞争市场，但垄断竞争市场假定不同厂商生产的产品是有差别的，本节由于研究同一市场的竞争，故假定商品是无差别的。简言之，本节研究的是竞争比较充分、尽量接近现实的同一商品市场。

二、竞争方式与结果

本章前面提到，市场竞争分为资源争夺型、交互干涉型、消费者促进型三种。在管理较为规范健全的现代法治国家，以损害竞争对手为手段的交互干涉型通常被法律禁止，现实中虽然不能完全禁绝，但已不是主要竞争方式。竞争的主要方式是资源争夺型和消费者促进型。资源争夺型竞争的主要方式是市场占有率竞争，消费者促进型竞争的主要方式是价格竞争、质量性能竞争。

（一）市场占有率竞争

假设：某一商品市场有 n 个厂商，第 i 个厂商销售量为 $Q_i(i = 1, 2, \cdots, n)$，各厂商展开市场占有率竞争，其目标销售量增长率为 $r_i(i = 1, 2, \cdots, n)$，该商品市场的最大需求量（市场容量）为 X。

根据以上条件，可知各厂商的目标销售量增长为 $\dfrac{\mathrm{d}Q_i}{\mathrm{d}t} = r_i Q_i$，其目标市场占有率为 $\dfrac{(1 + r_i) Q_i}{X}$。

然而，由于需求总量的有限性和其他厂商也采取了提高市场占有率策略，各厂商实际销售量增长将为：

$$\frac{\mathrm{d}Q_i}{\mathrm{d}t} = r_i Q_i \frac{X - \sum_{i=1}^{n} Q_i}{X} \qquad (7.2)$$

因此，在既定市场容量约束条件下各厂商开展市场占有率竞争，厂商将得到销售量的增长，但低于自身预期（见图 7 - 1）。

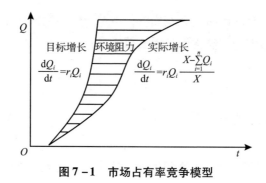

图 7 - 1　市场占有率竞争模型

（二）价格竞争

价格竞争是同一商品市场内的重要竞争方式。价格竞争的机制有以下几个方面。

1. 每个厂商由于对生产组织管理的差异，其劳动生产率不同、资本产出率不同，从而成本不同。$C_i = f(lp_i, cor_i)$，其中：C_i 为第 i 个厂商的单位销量产品成本，lp_i 为劳动生产率，cor_i 为资本产出率（$i = 1, 2, \cdots, n$）。

2. 只有当有效供给和有效需求形成的市场价格 P_0 高于厂商的成本 C_i 时，厂商才进行生产。否则，成本较高的厂商退出市场。对于留在市场上的厂商而言，有：$P_0 > C_i$。

3. 社会平均成本是由每个厂商的成本决定的。设 X_i 为第 i 个厂商的销量，有：$\overline{C} = \dfrac{\sum\limits_{i=1}^{n} X_i C_i}{\sum\limits_{i=1}^{n} X_i}$。

这时，该商品市场平均销售一件商品的利润率为 $r_\pi = \dfrac{P_0 - \overline{C}}{\overline{C}}$。

4. 假定某厂商由于采用新设备使成本下降，其采用降价策略后因增加销售量而获得的收益大于因降价而减少的收益，即 $P_1 Q_1 > P_0 Q_0$，则该厂商将率先降价，按新价格 P_1 向市场提供稳定的供给量。

5. 由此引起其他厂商相继采用新设备降低成本和售价，直至新的成本 $\overline{C}_1$ 与售价 P_1 之间再次达成稳定关系，$P_1 = (1 + r_\pi)\overline{C}_1$。

6. 通过竞争，价格被压到最低，从而消费者福利达到最大化。

（三）质量性能竞争

一些厂商可能会通过提高产品质量和性能功能展开竞争，谋求赢得消费者青睐，增加利润。当一些厂商这样做时，由于质量性能的提升和产品功能的丰富，与原产品出现差异性，实际上是开拓出新的市场，使同一市场竞争演化为不同市场之间的竞争。因此，质量性能竞争将导致同一市场竞争向不同市场竞争演化。**我们将这一现象命名为"竞争广化"或"竞争外溢"**（见图 7 - 2）。

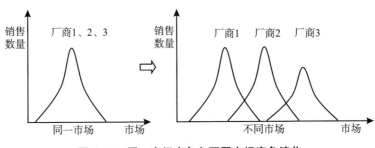

图 7 - 2　同一市场竞争向不同市场竞争演化

第三节　不同市场之间的竞争

在市场自由进出、资源自由配置的条件下，不同市场之间的竞争，将实现资源以需求为导向的合理配置，并实现全社会利润最大化，即实现最有效率的帕累托最优。

一、不同市场之间的竞争方式

1. 资本运动的目标是在各行业寻求最有利于增值的领域进行投资，追求相对更高的利润率（资本利润率）。

2. 资本追求该目标的方式，是资本跨行业市场流动配置。

3. 资本以追求更大增值、更高利润率为目标的运动配置，必然流向利润率较高、更有利于增值的行业市场，该市场同时也是相对供不应求、需要投资发展的领域。

设一国有 n 个行业市场，$r_i = \pi_i / K_i$ 为第 i 个市场的利润率，其中：π_i 为其利润，K_i 为其资本量。若各行业市场的利润率不等，例如 A、B 行业的利润率高于其他行业，即 r_1、$r_2 > r_i(i \neq 1, 2)$，在没有市场壁垒、资源自由流动的情况下，资本必然流向该行业；而利润率明显偏低的行业市场，必然有资本流出，转而寻求更高利润的行业市场。

二、竞争结果

资本进入利润率高的行业开展投资，形成商品供给，在需求量既定的条件下供给的增加将使价格和利润下降；而利润率低的行业，由于资本净流出，商品供给减少，在需求量既定的条件下，价格和利润上升。资本以追求更高利润为目标进行的投资领域选择、行业间转移配置，最终将使各行业的资本利润率趋于平均，等量资本取得大致相等的利润，形成平均利润。同时，各行业也都得到充分发展。

三、平均利润与全社会利润最大化的一致性

市场经济条件下资本跨行业市场自由流动竞争的结果，即平均利润率的形成，是否可以实现全社会利润最大化，与社会资源最优配置的要求是否一致呢？

从第五章内容可知，根据多元函数最大化的一般原则，最大化条件是各变量的相对边际效用相等。那么利润平均化是否满足这一条件呢？

设一国有 n 个行业，K_i 为第 i 个行业的资本量 $(i = 1, 2, \cdots, n)$，M 为社会资本总量，π_i 为第 i 个行业的利润，则有 $r_i = \dfrac{\pi_i}{K_i}(i = 1, 2, \cdots,$

n），r_i 为第 i 个行业每单位资本的利润率。全社会利润函数及约束条件为：

$$\pi = K_1r_1 + K_2r_2 + \cdots + K_nr_n = \sum_{i=1}^{n} K_ir_i \qquad (7.3)$$

$$\text{s. t.} \quad M = K_1 + K_2 + \cdots + K_n = \sum_{i=1}^{n} K_i \qquad (7.4)$$

构建拉格朗日函数 $L = \pi + \lambda\varphi$，有：

$$L = K_1r_1 + K_2r_2 + \cdots + K_nr_n + \lambda(M - K_1 - K_2 - \cdots - K_n) \qquad (7.5)$$

对拉氏函数所有自变量依次求一阶偏导数并令它们都为 0 得到：

$$L'_{K1} = r_1 - \lambda = 0$$
$$L'_{K2} = r_2 - \lambda = 0$$
$$\cdots\cdots \qquad (7.6)$$
$$L'_{Kn} = r_n - \lambda = 0$$
$$L'_{\lambda} = M - K_1 - K_2 - \cdots - K_n = 0$$

解得全社会利润最大化条件：

$$r_1 = r_2 = \cdots = r_n \qquad (7.7)$$

$$K_1 + K_2 + \cdots + K_n = M \qquad (7.8)$$

由 $r_1 = r_2 = \cdots = r_n$ 有 $\pi_1/K_1 = \pi_2/K_2 = \cdots = \pi_n/K_n$，等量资本取得等量利润。

由此，各行业市场相对边际相等的全社会利润最大化条件，与等量资本取得等量利润的平均利润等价。市场经济条件下各行业市场自由平等竞争、资源自由配置形成平均利润，实现了全社会利润最大化，实现了社会资源的最优配置。

四、全社会利润最大化原理的深化与拓展

（一）利润平均化的实质

利润平均化的实质是：（1）在供给既定的条件下，利润是需求多寡的函数，相对而言，利润高的行业意味着市场需求尚未得到充分有效的满

足。设 SE 为有效供给，DE 为有效需求，π 为利润，则有 $\pi = f(SE, DE)$，当 SE 既定时有 $\pi = f(SE_0, DE)$。（2）利润引导着社会资源（资本）按照合乎社会需求的比例进行合理配置，或者说，资本按照利润指引的社会需求未满足（待满足）程度展开流动和分布。（3）只有不存在市场壁垒，使资源能够自由流动，才能最终解决资源配置问题，利润、价格等市场信号的引导才有意义。因此，必须消除市场壁垒等阻碍竞争的因素。（4）自由竞争、要素自由流动，使社会资源按照社会需求进行合乎比例的合理分布，有利于结构合理化，有利于资源优化配置；资源配置符合市场需求的结构优化与全社会利润最大化即社会财富的最大增长，在本质上是一致的，是有效率的。自由竞争、要素自由配置，是最优的资源配置方式。

（二）利润最大化条件的拓展

利润平均化与全社会利润最大化条件一致性的原理说明，利润多、需求大的领域就要按比例相应地多配置资本，利润少、需求小的领域就要按比例相应地少配置资本，等量资本取得等量利润，资本按照投入额的大小获得与之对应的利润，有利于社会利益最大化，是最有效率的资源分配方法。推而广之，在社会领域，每个人支配和使用的资源，应当与其能力大小相匹配，能力大的占有较多资源，能力小的占有较少资源，每单位能力支配的资源相等，是有利于社会利益最大化的资源配置安排。

第四节　不同生产要素之间的竞争

一、生产要素之间竞争的过程

（一）不同生产要素之间参与生产过程、争夺要素报酬的竞争，形成要素的相对价格

如本书前面章节所述，如同商品价格是由商品的供给和需求决定一

样，要素的价格（报酬）是由该种要素的供给与需求决定的。

由于对要素的需求是商品生产活动的派生需求，因此各种要素都希望得到生产过程大量采用，各要素围绕着获得生产过程使用、获得更多报酬进行着激烈竞争。不同要素之间的竞争形成了要素价格对比关系或相对价格。

（二）要素相对价格反映要素的稀缺程度，要素相对价格的变化反映着要素稀缺程度的变化

要素竞争形成的要素之间价格的对比或者说相对价格，反映了要素在人类社会生产中的稀缺程度。获得较高的相对价格的要素，是得到生产过程青睐，稀缺程度高的要素，或者说在竞争中胜出的一方。

例如在工业化初期，劳动力与资本的竞争中，由于生产对资本的大量需求，使资本价格（利息率）被推高，同时由于大量廉价劳动力的存在，使劳动力价格（工资率）被压低。利息率与工资率的对比（资本 – 劳动力相对价格）$\frac{r}{w}$ 较高，反映了资本要素相对于简单劳动力的稀缺性。

（三）要素相对价格导致要素积累和发展速度的差异

1. 相对价格使要素积累条件发生差异。在竞争中胜出一方由于相对价格（报酬）高，获得的增值速度快。例如，如果资本稀缺，则资本报酬（利息率）高，资本生息形成新的资本速度快。

2. 相对价格引导要素所有者对要素积累的取舍。能带来更多报酬的要素，会得到所有者青睐，要素所有者会更加倾向于积累该要素。例如，如果简单劳动报酬高，家庭会倾向于多生育劳动力；如果人力资本报酬高，家庭会注重教育投资。

以上两点形成一种结果：相对价格高的要素，增长速度快；相对价格低的要素，增长速度慢。

（四）异化作用产生：稀缺性降低和要素报酬下降

上述增长速度的差异，使原先在竞争中胜出、相对价格高的要素，由

于增长速度快，数量迅速扩大，要素稀缺程度逐渐降低，要素报酬相应下降，从而自己也成为在新的要素竞争中处于稀缺性劣势地位的要素；与此同时，社会生产也将诞生新的稀缺要素纳入生产过程。这一异化过程不断进行，在人类社会生产中不断淘汰旧的生产要素，补充新的生产要素。

随着机械化、自动化的发展，无人工厂、无人商店出现，目前许多简单劳动已被机器替代，简单劳动力在与资本的竞争中已失去稀缺性，正在被资本取代。随着农业生产的工业化发展，许多农产品已逐渐在车间生产，土地要素在农作物生产中的稀缺性也在弱化。随着资本的积累和经济的发展，资本的稀缺性也在弱化，利息率的总体趋势是下降的，在发达国家，利息率已降到很低水平，与此同时，一个具有稀缺性的新的要素——人力资本（人的智力）日益重要。

二、生产要素竞争的一般规律和历史趋势

1. 生产要素的竞争过程可以概括为：要素的稀缺性决定了要素的相对价格，要素相对价格造成要素积累速度的差异，不断改变和否定着要素原有的稀缺性，并相应造成要素价格下降。

2. 在竞争中原有相对落后生产要素失去稀缺性是不可逆转的，因为这意味着人类社会以这种生产要素为依托的一个时代的结束，和一个更先进时代的开始。

3. 从大尺度看，生产要素的竞争，使原有要素的稀缺性不断被弱化，要素不断被扬弃，推动着人类社会生产所依托要素的转换升级和人类物质文明的进步。

4. 人类社会生产是生产要素不断更新的历程。生产要素是一个历史的概念，它是随着生产力发展水平和要求而变化的，不是一成不变的。

5. 由于生产要素的大尺度性、历史性，可以成为生产要素的因素应具有高度概括性、在相当长的历史跨度之内稳定性的特点，如同劳动力、资本、土地、人力资本。相对短期性或过于具体的因素不宜被加入生产要素。从这个条件看，目前只有人力资本可以作为新的生产要素。

第五节　竞争的作用

对于竞争的作用，以往人们首先想到的往往是优胜劣汰，然而通过上面的分析，从上述同一市场的竞争、不同市场之间的竞争、不同生产要素之间的竞争可以看出，竞争的作用横跨微观与宏观，对经济运行的各方面乃至经济社会的发展走向具有广泛而深刻的影响。至少包括优胜劣汰、提高效率、创造市场、优化配置、异化稀缺性等重要方面。

一、优胜劣汰，提高投入产出效率

实现优胜劣汰，应当是竞争最基本、最原始的作用。竞争有利于促进厂商的优胜劣汰，淘汰落后产能。

竞争能够促使厂商更有效地组织生产，节省劳动和资本，提高劳动生产率和资本产出率，减少无效劳动。竞争能够将资源转移到有利于财富增值、创造更大量财富的厂商手中，从而有利于使用既定的资源创造更多的社会财富。

二、优化资源配置，提升宏观效率

从不同市场之间的竞争可以看到，竞争能够实现资源优化配置。利润是供求对比的反映，利润率高的行业往往是最需要发展的行业市场。竞争能够将社会资源配置到最需要的领域，使之各得其所，各尽其用，每一份劳动、每一分资本都配置到能够发挥作用的合适领域，发挥自己最大的作用与功能。竞争能够使生产要素在各行业市场间按照社会需求进行均衡分布。

三、增进消费者福利，惠及社会大众

竞争使厂商采取措施降低价格，把价格压到最低，从而使消费者获得最大化的福利。竞争还使厂商提高商品质量，改进商品性能，这些都惠及消费者和社会。

四、促进市场的专业化分工和新市场的发展，实现从微观向宏观的过渡

专业化有利于提高效率。竞争对厂商提高投入产出效率的要求，推动着市场向专业化方向发展。

竞争是创新的动力。同一市场内部的激烈竞争，使部分厂商尝试提高产品性能，改善产品功能。产品的差异化造成了市场分化，在满足消费者多样化需求的同时，创造了新的市场，丰富细化了国民经济门类。

可见，竞争促进了市场的专业化分工，使各个市场形成既分工又紧密协作的关系，构成了分工合作的国民经济门类，形成了宏观经济运行。

五、异化生产要素的稀缺性，推动经济社会向更高级发展

竞争使要素的稀缺性不断被异化，要素不断被扬弃，经济在抛弃相对落后、失去稀缺性的生产要素的同时补充新的具有稀缺性的生产要素，人类社会生产所依托要素得以转换升级，人类物质文明不断进步。

第六节　本 章 小 结

竞争机制是市场经济最基本最重要的机制之一，它决定着资源配置和经济效率，以不断扬弃的变革精神推动经济社会进步。本章主要介绍了竞

争的概念和本质，阐释了有效竞争的前提条件，分析了同一市场的竞争方式与结果、不同市场之间的竞争方式与结果、生产要素竞争的一般规律与历史趋势，归纳了竞争的重要作用。

　　本章的理论和实践贡献在于：（1）阐释了"看不见的手"将利己转化为利他的机制。（2）提出了新的竞争分类，以此对市场竞争进行了分析。（3）提出了市场占有率竞争模型。（4）提出了同一市场竞争向不同市场竞争演化的"竞争广化"或"竞争外溢"模型。（5）证明了不同市场之间竞争将形成全社会利润最大化，证实了平均利润率原则与边际利润为零等价，同为全社会利润最大化条件，并将该最大化原则推广到社会领域。（6）总结了生产要素竞争对自身稀缺性的自我异化过程，揭示了生产要素发展演变的历史趋势。

第八章　垄　　断

第一节　垄断的定义与本质特征

垄断是对竞争的排斥，是指市场上少数厂商处于独占地位的状态，以及利用独占地位对其他经营者采取排他措施、主观或客观对消费者权益造成损害的行为。

垄断有两层含义，一是指垄断状态，二是指垄断行为。前者仅是一种市场状态，后者是指排斥竞争的行为。

独占性与排他性是垄断最本质的特征。垄断的本质是独占市场和资源，排斥与剥夺其他厂商参与市场、开展经营的平等机会与权利。

第二节　垄断的种类

按照垄断地位取得方式与依靠力量不同，将垄断分为市场垄断、自然垄断和行政性垄断三种。

市场垄断，是市场竞争的优胜劣汰形成的垄断。

自然垄断，是与规模经营的低成本优势密切联系的垄断，是市场垄断的一种特殊情况。

行政性垄断，是超经济的管理当局对市场主体实施选择性准入政策，对市场建立行政性壁垒，使市场处于不能自由进入、不能充分竞争、有限数量厂商状态的垄断。

第三节 市 场 垄 断

一、市场垄断的定义

市场垄断，是通过市场竞争形成的垄断。自由竞争可能会异化出市场垄断。

二、市场垄断的主要形成方式

优胜劣汰，技术进步创造新市场，是形成市场垄断的两个主要原因和方式。

在竞争机制的优胜劣汰作用下，一些厂商实现了资本积累和市场占有率的扩大，使其他竞争对手逐渐退出市场或破产，取得优势地位。还有一些厂商通过率先发明和掌握的新技术创造了新市场，在其他厂商尚未拥有该技术时，其客观上处于垄断地位。

三、主流经济学关于市场垄断的主要类型划分、效率评价与治理措施

（一）主流经济学关于市场垄断的类型划分

张伯伦与罗宾逊是研究市场垄断的代表人物。张伯伦的垄断竞争理论按卖者人数的多寡，把垄断状态划分为"出售差别产品的许多销售者之间的垄断竞争"和"少数卖者之间的寡头竞争"两种市场类型。罗宾逊的不完全竞争理论没有涉及销售者人数的多寡，可以应用于除完全竞争和完

全垄断条件以外的所有市场情况。此后的经济学教科书在对二者进行综合的基础上，将完全竞争这一理想状态以外的市场，划分为垄断竞争、寡头垄断、完全垄断三种类型。

垄断竞争市场，是介于完全竞争和完全垄断两种极端状态之间的一种市场状态。一个市场中有许多厂商生产和销售有差别的同种产品，这些产品彼此之间都是非常接近的替代品；行业中的厂商数量非常多，且每个厂商都认为自己的行为影响很小，不会引起竞争对手的注意和反应；厂商的生产规模比较小，进入和退出市场比较容易。

寡头垄断市场，是少数几家厂商控制整个市场的状态。

完全垄断市场，是绝对的垄断状态。市场上只有一个厂商生产和销售该产品；该厂商生产和销售的产品具有不可替代性；其他任何厂商进入该行业都极为困难或不可能。

（二）主流经济学关于市场垄断的效率评价

主流经济学论证了垄断造成效率损失。

只有完全竞争市场不存在效率损失。这是由于在完全竞争市场，厂商面对的价格是固定的（只能被动接受价格而无法通过改变自身产量影响市场价格），面对的需求是平行于横轴的直线，因此厂商的边际收益与需求重叠、与市场价格一致（$R = PQ$，$MR = (PQ)'_Q = P = d$）。如此一来，厂商按照边际收益等于边际成本的利润最大化原则（$MR = MC$）组织生产，其提供的任何产量都会被消费者吸收（主流经济学假定完全竞争市场需求为$+ \infty$），其价格与需求一致，也就是在完全按照社会需求生产，因此没有社会资源的损失（见图 8 - 1）。

在垄断竞争市场、寡头垄断市场、完全垄断市场，一切存在垄断的市场，由于竞争的不完全性造成厂商数量的有限性，使得市场价格随厂商供给量的变化而改变，是厂商供给量的函数（尽管二者关系根据垄断程度有大小区别），厂商面对的价格不是常数，面对的需求不是平行于横轴的，而是向右下方倾斜的，因此厂商的边际收益与需求曲线不重叠。垄断厂商

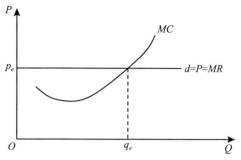

图 8 - 1　完全竞争市场的有效性

通过控制产量，使自己达到 $MR = MC$ 的利润最大化状态，价格较高而产量不能满足社会需要。在完全垄断市场（见图 8 - 2），这时 abc 三角区域既没有被生产者得到，也没有被消费者得到，是相比完全竞争状态下蒸发的一块社会福利，因而垄断是低效率的，它造成了社会福利净损失。

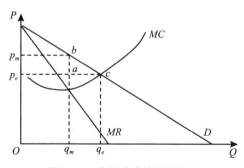

图 8 - 2　垄断造成的效率损失

（三）主流经济学的治理措施

对此主流经济学提出，消费者应与垄断厂商达成协议，使垄断厂商将产品生产至符合社会需求的数量即最优产量，并按照最优产量时等于边际成本的价格出售产品；但这样一来由于产量超过了垄断厂商利润最大化的产量点使价格下降，垄断厂商相比最大化利润水平出现了机会损失。为此，消费者应共同给予垄断厂商补偿，补偿金额不高于垄断厂商的机会损失，以求得双方都得到福利改进。但是，许多学者已经批评这一政策缺乏可行性，认为如果消费者中有人计划"搭便车"，则该政策无法实施。

四、关于主流经济学存在的主要问题及本书有关效率评价与治理措施

（一）本书关于完全竞争市场模型的探讨及对完全竞争的效率评价

1. 完全竞争市场模型探讨。本书认为，主流经济学的完全竞争市场模型存在这样一个重要问题：按照主流经济学，在完全竞争市场，厂商面对的价格是固定的，需求是平行于横轴、定义域至 $+\infty$ 的水平线（主流经济学假定完全竞争市场的需求无穷大），因此，如果某一厂商出售产品的价格低于市场价格，则销售量为 $+\infty$，只要厂商愿意，可以生产并售出无穷多数量的产品；如果高于市场价格，销售量为 0，无法卖出一件产品（见式7.1）。然而事实并非如此。一是任何市场的容量都是有限的；二是即使有厂商定价低于市场价格，也不会实现 $+\infty$ 的销售量，否则，厂商即便贷款也要无限扩大生产规模；三是如果厂商定价高于市场价格，会使该厂商获得的销售量或面临的需求量减少，但也不会一件也卖不出去。因此，即使完全竞争市场，厂商面对的需求被设定为一条平行于横轴、定义域至无穷大的水平线仍有上述不妥。

本书认为：其一，完全竞争市场的需求线仍应是向右下方倾斜的斜线。也即，该市场的竞争充分状态并不必然导致该市场的需求对价格变化无反应，如果厂商降低价格，市场提供给该厂商的需求量将有所增加。由于该市场需求对价格变化有反应，因此需求线应为斜线。其二，主流经济学之所以做完全竞争市场的需求水平且无穷大的假定，是为了保证任何单一市场主体的供求都不足以影响改变整个市场价格，从而保证完全竞争性质，然而这一目标可以通过其他办法解决。事实上，完全竞争市场的供给线应为一条纵坐标值等于市场价格、横坐标值有界的平行于横轴的水平线段。这是因为，市场价格对于厂商而言是确定的，因而供给通常要按照固

定的市场价格向社会提供；市场容量是有限的，厂商受制于既定市场容量，销售量必然也是有限度的；厂商虽然希望自己能够按照利润最大化的边际利润为 0 的点组织生产、向社会提供产量，然而能卖出从而可生产多少并不由厂商自己决定，厂商只能是按市场价格能销售多少就生产多少。为此，本书将完全竞争市场模型进行修改，如图 8 - 3 所示。

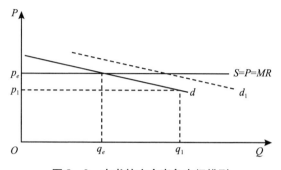

图 8 - 3 本书的完全竞争市场模型

图 8 - 3 的模型中：第一，厂商供给量在 S 线上的左右移动、需求向左右移动（移动至 d_1），即单一厂商产量的变动、厂商面对的需求增加或减少，不会改变市场价格，这一设计结果与主流经济学一致，以体现市场的完全竞争性质。第二，若厂商主动降价至 p_1，由于市场上众多买家和卖家的存在，不会引起整个市场均衡价格 p_e 的改变，但市场将会为该降价厂商的产品提供更大的需求量和销售量（从 q_e 增加至 q_1），即需求量对厂商价格变化有反应，但并不提供无穷大量需求和销售量；反之，若厂商提高价格至高于市场均衡价格水平，销售量和需求量会有所减少，但不会为 0。这与现实和逻辑更加接近。

2. 关于完全竞争的效率评价。从本书的完全竞争市场模型可以看出，在完全竞争市场条件下，一是厂商提供的产量落在需求线上，与需求交叉，供求一致，没有效率损失；二是厂商竞争、降价的结果，是将价格降到最低点，将尽可能多的福利让渡给消费者，完全竞争市场下消费者获得尽可能多的福利；三是厂商在激烈的竞争面前，无法确保按照边际利润等于 0 的原则提供产量，只能是销售多少就生产多少，因此其利润最大化无法得到可靠保障，完全竞争市场上应当存在着厂商利润被压缩的情况。

（二）本书关于垄断市场的类型划分及对垄断的效率评价与治理

1. 垄断市场划分。本书认为，将存在垄断的市场划分为垄断竞争、寡头垄断、完全垄断三种类型并无必要。现实市场既非绝对竞争也非绝对垄断，而是介于竞争与垄断之间，区别在于竞争与垄断的程度差异。因此，可根据现实情况划分为两种：一种是以竞争为主的市场，这是现实中的充分竞争市场；另一种是以垄断为主的市场。前者对应主流经济学的垄断竞争市场，后者对应寡头垄断和完全垄断市场。

2. 关于垄断的效率评价和治理目标。一方面，本书同意主流经济学关于垄断造成低效率的评价。垄断厂商通过控制产量，使自己达到 $M\pi = 0$ 的利润最大化状态，这时整个市场是相比完全竞争状态下蒸发的一块社会福利，既没有被生产者得到，也没有被消费者得到，因而垄断造成了社会福利净损失和效率损失，对此，需要加以治理。另一方面，主流经济学在与完全竞争的对比中追求社会资源的绝对有效利用，效率的零损失状态。而事实上，完全竞争市场只是存在于理论上的一个模型，在现实中没有任何一个市场可以达到它的条件，像完全竞争那样没有丝毫效率损失的经济运行方式到目前为止其实并未在现实中出现过，因此，在经济管理中治理垄断的目标不应设定为追求效率零损失，而应设定为实现效率改进，即在现实中如果存在更有效率的选择，应通过治理措施加以实现。尽管市场经济制度在现实经济生活中无法帮助我们做到效率零损失，但它无疑是人类社会迄今为止已出现和尝试过的最有效率的经济模式，它是人类的正确选择。

3. 关于垄断的治理措施。本书认为：（1）收益分配从来都是供求力量现实对比的反映，由于垄断厂商在供求关系中占据有利地位，因此让垄断厂商放弃垄断利润而与消费者谈判协议并不现实。（2）反垄断绝不意味着反大型市场主体，而是反对垄断行为，反对垄断造成的低效率和对公平竞争的阻碍。如果由于垄断，市场变得进入困难，处于封闭状态，则意味着垄断权力妨碍了市场竞争可能性，改变了市场规则，那么市场配置资源的效率也就无从谈起，此时必须进行纠正；如果处于垄断地位的厂商并未采取垄断措施，市场依然保持可自由进入、无壁垒、可竞争性，那么：①当垄断厂商的产量低于市场需求、价格背离均衡水平到一定点，对于其他厂商而言该市场有利可图时，则必有厂商进入市场开展竞争，即如果市场是开放的，随时准入的，只是此时此刻不一定有厂商立即进入，但市场竞争机制是存在的、有功能的，这样的市场仍是有效率的，或者说，市场可以保持次优效率。②在市场保持可进入性、可竞争性的条件下，目前的垄断状态可以看作市场在经历优胜劣汰之后，在新的厂商进入市场、新的竞争展开以前，短暂性的竞争间歇，该市场在短期是垄断的，在长期是竞争的。③在市场仍然是开放准入、可竞争性的条件下，目前短暂的垄断及其收益，可以看作是对竞争中优胜厂商、以技术进步推动变革的厂商的一种奖励和补偿。如果我们采取政策打击了它们，反而打击了优胜劣汰和率先技术进步，这不利于效率的提高；如果我们为此采取了拆分垄断组织的打击政策，这种拆分是否会不符合规模效益的需要，我们不得而知，我们并不知道政策到底正确与否。综上，相比直接与垄断厂商谈判协商分割收益，或者采取拆分垄断组织的打击政策，**我们更应把注意力放在维护市场的竞争秩序上，采取措施保障市场随时处于无壁垒、可进入的可竞争状态，这样的市场仍然是有效率的。**

第四节　自　然　垄　断

一、自然垄断的定义

自然垄断是在规模效益行业中，率先达到该市场的规模化经营水平，从而使成本大幅降低，在市场形成垄断的情况。自然垄断是市场垄断的一种特殊情况，一方面，其垄断厂商的地位是在正常的市场竞争中形成的，另一方面，与通常的市场垄断不同的是，这种垄断与规模经营密切联系。例如，有 3 个厂商进入某地区的热力市场，其中厂商 A 率先完成主要区域供热管网的铺设，对单个居民户的供热成本大幅下降，就是在该市场上形成了自然垄断地位。

二、自然垄断的甄别与治理

（一）自然垄断的甄别判定

在经济管理实践中，人们常以垄断所在的行业作为直接判定垄断种类的依据，这在判断自然垄断方面表现得尤为突出。例如，我们常把铁路行业存在的垄断自然而然地认定为自然垄断。

对垄断种类的甄别尤为重要，因为这是治理垄断的基础。在前面划分垄断种类时，我们已经论述了市场垄断、自然垄断、行政性垄断是按照垄断地位取得方式和依靠力量作为划分依据的，因此不能以所在行业作为判定依据。

自然垄断是率先进入规模效益行业的厂商，以低成本优势使后来者望而却步。与自然垄断容易混淆的是后面将讲到的行政性垄断。行政性垄断是凭借行政控制力或制度安排，人为限制和阻止竞争。因此，即便某行业属于规模效益行业，但如果厂商不是凭借规模收益产生的低价优势这一经济手段排除竞争者，而是凭借行政干预阻止竞争者进入，则并非自然垄断，而是行政性垄断。具体到规模经济行业，自然垄断的特征是，市场无进入壁垒，是开放的、可进入开展竞争的，但其他厂商不愿进入；而规模经济行业中的行政性垄断，其特征是，市场存在行政性壁垒，是封闭的，不可进入、排斥竞争的。

（二）自然垄断的治理

在前面关于市场垄断的部分我们提到，治理垄断的目标是实现效率改进。具体到自然垄断，由于自然垄断存在规模效益，因此治理自然垄断是在规模效益与竞争效率之间进行取舍。何者更有效率？这不能依靠管理者的主观判断，而应由市场做出选择。如何让市场做出选择？管理当局应当对自然垄断厂商试图阻止其他厂商（潜在竞争对手）进入市场而人为设置的障碍，如妨碍新厂商进入市场的管线布局等，做出禁止；对厂商以规模效益、自然垄断名义试图使管理当局出台阻止和限制竞争的法律及政策，予以纠正。确保市场无壁垒，鼓励其他厂商进入自然垄断行业开展经营和竞争，确保市场的可进入、可竞争状态。这种情况下，如果该自然垄断行业总体效率低，即规模效益小于竞争效率，则市场有利可图，其他厂商就会进入市场，重新投资建设自己的基础设施开展经营，市场会实现现有条件下最有效率的状态。

第五节　行政性垄断

一、行政性垄断的定义

行政性垄断，是指少数厂商凭借行政力量如行业主管部门或地方政府，人为选择性地设置市场壁垒、实施差别对待措施、排斥竞争、干扰要素流动，独占市场或者占有比条件相同的厂商更多或更优厚的市场机会的情况。

行政性垄断在转轨国家中比较普遍，其根源在于转型不彻底，不能很好地处理政府与市场的关系，未能顺利实现管理方式从行政命令向现代化管理理念的转变。

二、行政性垄断的本质

就手段而言，由于行政性垄断以人为干预为手段，形成机会不均等的状况，因此行政性垄断的本质是超经济性和歧视性。

就后果而言，行政性垄断造成机会不均等，其本质是小团体垄断国家大市场，是对公民权利和自由平等精神的损害。

三、行政性垄断的种类

（一）行业行政性垄断

这种行政性垄断来源于国家部委或行业协会对少数经营者（通常是通过行政方式设立、隶属于部委的寡头经营者），用非市场竞争方法，给予行业经营特权或者特殊优惠。该做法相当于对其他意愿经营者采取了歧视性、抑制性政策。

（二）区域行政性垄断

这种行政性垄断来源于地方政府通过行政权力，制造不平等竞争，造成市场分割的行为。既包括设置壁垒封闭地区市场，阻止外来经营者竞争和外地产品流入，以保护本地经营者及其产品的做法，也包括给予个别经营者特殊优惠的做法。

四、行政性垄断的主要手段及表现形式

（一）行政审批

主管部门对经营者进入市场进行行政审批，是行政性垄断的最重要形式。行政审批以行政手段授予通过审批者以市场空间和盈利机会并加以保护，剥夺其他经营者进入市场的平等的参与机会和盈利机会，是对微观主体实行差别对待的歧视性政策，是以行政手段限制竞争、剥夺微观主体平等竞争权利的行为，因此是典型的行政性垄断。

（二）特许经营

行政机关使用非市场竞争的办法，也不制定或执行任何准入标准（注册资本标准、资质标准、企业性质标准等），而是人为直接指定经营者。这种做法对其他市场主体采取了排斥性、歧视性政策，是行政性垄断的重要形式。通过招标等竞争方式遴选经营者，以及制定统一的准入标准，使条件性质相同的市场主体拥有同等经营机会的特许经营，没有取消市场竞争，不属于此列。

（三）订单优先

行政机关做出规定，在同等条件下优先使用某一或某几个经营者提供的商品或服务，如行政机关通过非竞争方式直接指定某一媒体优先作为重要经济信息发布媒体等。订单优先也是以行政手段对市场主体实行了差别对待的歧视性政策，限制和阻碍平等参与，也是非常典型的行政性垄断。

（四）执法形式

以合法形式行行政性垄断之实。例如，以卫生检疫等合法程序，对外地产品进行特殊严格的检疫检验，对不达标的外地产品及其经营者施以较本地企业严厉的重罚；又如，对超载货车，只查扣外地进入域内，而不查扣域内开往外地等，允许本地产品流出的同时阻止外地产品流入。

总之，差别对待、机会不等，是行政性垄断的基本特征。

五、行政性垄断对经济运行的影响机制与影响后果

行政性垄断对宏观经济施加影响的主要过程可概括为 BME 传导机制，其中，B（Basis）指基础制度，在这里主要是行政性垄断；M（Market）指市场机制，主要是供求价格机制；E（Economy）指经济表象，主要是经济总量、速度、结构、质量等。行政性垄断作为一项扭曲的基础制度，是通过市场机制特别是供求价格机制的作用，在经济系统中经过传导，造

成资源错配和国民经济整体运行的扭曲，最终表现为总产出损失、结构失衡、产业结构高级化困难、经济质量不高等经济现象。

1. 行政性垄断限制市场准入和投资经营，人为缩小了经济发展空间，限制了经济总量，抑制经济增长。

2. 行政性垄断的市场壁垒，阻挡资本、劳动力等生产要素按经济规律运动配置，造成国民经济中一部分行业供给过剩、一部分行业供给不足同时并存的畸形产业结构。

3. 上述行政性垄断行业产品供不应求与非行政性垄断行业产品供过于求的局面，通过供求价格机制，形成垄断高价和非垄断低价，在垄断行业与非垄断行业的市场交易中，非垄断行业创造的利润和产品剩余被转移到垄断行业无偿占有。

4. 上述情况继而造成垄断行业高工资与非垄断行业低工资，国民经济出现不正常的以行业为特征的广泛性收入差距扩大。

5. 收入差距扩大导致社会有效需求不足，进而消费增长乏力，产业结构高级化缺乏支撑。

六、行政性垄断的治理

1. 消除行政性壁垒，放开市场准入，建立以平等竞争、行业和区域间要素自由流动为特征的规范市场经济制度。

2. 制定经营行为标准和经营状态标准。强化监管力量，对违反经营行为标准和经营状态标准的厂商一视同仁查处，严格执法。

3. 建立防范风险的体系。以重要物资储备制度、紧急动员制度、紧急状态法案等，替代行政管制，维护经济社会安全。

第六节　本章小结

　　与竞争对立的是垄断现象，垄断与竞争是市场状态的两个方面，垄断妨碍了竞争效率。本章主要归纳了垄断的概念和本质，介绍了主流经济学关于市场垄断的类型划分、效率评价与治理措施，在此基础上对主流经济学完全竞争市场模型进行了探讨与修改，在对竞争与垄断进行效率评价的基础上提出垄断治理目标，提出治理市场垄断、自然垄断、行政性垄断的措施。

本章的理论和实践贡献在于：（1）提出垄断的本质在于独占和排他，妨碍机会与权利平等。（2）在对主流经济学完全竞争市场模型进行分析基础上提出了新的完全竞争市场模型。（3）关于垄断治理，提出了效率改进的目标和维护市场始终处于无壁垒、可进入、平等竞争状态的治理思路。

市场经济的两大机制——供求价格机制与竞争机制是互为条件、密不可分的，它们同为市场配置资源的核心，是市场能够有效配置资源的前提。一方面，价格及其背后的利润是诱导资源配置、引导竞争的信号，价格是开展竞争的重要手段，商品比价关系直接形成国民经济各产业部门间的利益分配，因此，没有供求价格机制，竞争机制就无法发挥作用。另一方面，在第四章《供求价格机制》我们讲到，供求价格机制正常发挥作用需要具备两个基本条件，即供求能够决定价格，价格能够影响供求变化。而在竞争机制不健全的情况下，上述两个条件不具备。如果市场间存在壁垒、缺乏可竞争性，则即使其供给不能满足社会需求，要素也无法跟从价格与利润信号的指引进入该市场形成产能改善供求，经济结构无法得到改善，社会资源配置无法在各市场间优化，并且，其超额利润还会形成对壁垒外其他市场的利益掠夺。因此，在竞争机制不健全的情况下，供求价格机制非但不能优化资源配置，反而会造成社会资源配置的扭曲。只有各市场是可进入、可竞争性的，供求价格机制才能切实引导要素流动，使各市场之间的资源配置得以优化，最大化地满足社会需求，并通过结构优化最大化地提高宏观投入产出效率，同时，要素报酬也才能客观准确地反映要素贡献与能力，社会财富分配才是公平而有效率的。

第九章 经济总量

在本章我们将主要研究社会总供求平衡的条件及经济总量的决定因素。在此之前有必要首先研究社会总供求的构成，这是认识总量平衡条件及总量决定因素的前提。

在第六章中，我们讲到均衡不仅是单个市场的均衡，而且是各个市场、国民经济各部门之间的均衡；在第七章中，我们讲到竞争创造国民经济门类、促进资源在不同部门不同市场之间优化配置。一国的国民经济，就是由各个市场、不同部门相互联系组成的有机整体。认识这个系统，可以先从投入产出表开始。

第一节 投入产出表

一、投入产出表的内容与形式

投入产出表，又称部门联系平衡表，最早由列昂惕夫提出，是研究经济系统"投入"与"产出"间关系，进行国民经济综合平衡的经济数学模型。

国民经济是由许多部门组成的有机整体，各经济部门之间彼此依赖，具有双重身份，既是产品消耗者，又是产品产出者。投入产出表以纵横交错的棋盘格式，反映各经济部门之间的投入与产出关系，以及最终产品的形成与分配（见表9-1）。

表 9 - 1　　　　　　　　　投入产出表（部门联系平衡表）

部门间 流量 投入	产出	中间产品				最终产品				总产品
		消耗部门				消费	投资	出口	合计	
		1	2	…	n					
生产 部门	1	x_{11}	x_{12}	…	x_{1n}	C_1	I_1	E_1	Y_1	X_1
	2	x_{21}	x_{22}	…	x_{2n}	C_2	I_2	E_2	Y_2	X_2
	…	…	…	…	…	…	…	…	…	…
	n	x_{n1}	x_{n2}	…	x_{nn}	C_n	I_n	E_n	Y_n	X_n
要素 报酬	折旧	G_1	G_2	…	G_n	—	—	—	—	
	劳动报酬	V_1	V_2	…	V_n	—	—	—	—	
	利润和税收	M_1	M_2	…	M_n	—	—	—	—	
	增加值	N_1	N_2	…	N_n	—	—	—	—	
总产品		X_1	X_2	…	X_n	—	—	—	—	

投入产出表分为四个部分，称为四个象限。

第 I 象限位于左上角，为中间产品、中间消耗。在这部分中，每个国民经济部门都以生产者和消费者双重身份出现。每一横行是一个部门生产、分配给其他部门的产品；每一纵列是一个部门消耗的其他部门的产品。这反映了部门间的生产技术联系，是投入产出表的基本部分。

第 II 象限位于右上角，反映各部门产品的最终使用。各部门生产的最终产品，用于消费、投资、出口三个方面。

第 III 象限位于左下角，反映国民收入的初次分配。各部门新创造的价值，或者说增加值，归属于不同的要素所有者，其中：固定资产折旧和一部分利润分配给资本所有者，工资分配给劳动者，另一部分利润以税收形式分配给国家。

第 IV 象限反映国民收入的再分配，因投入产出表说明的再分配过程不完整不在此列出。

二、投入产出表包含的基本数学关系

在第 I 象限中，x_{ij} 反映第 j 部门从事生产所消耗的第 i 部门提供的中间产品，因此，相应有：

$$a_{ij} = x_{ij}/x_j$$

a_{ij}为直接消耗系数，反映第j部门每生产1单位总产品所需消耗的第i部门产品价值，这主要是由两部门之间的技术联系决定的。

根据直接消耗系数，可构建2个主要模型：产品分配平衡方程组和产值构成平衡方程组。

产品分配平衡方程组为：$(I-A)X=Y$，是按照投入产出表的横向关系构建的行模型，反映总产品X与最终产品Y的关系，其中A为直接消耗系数矩阵，$A = \{a_{ij}\}_{n \times n}$。

产值构成平衡方程组为：$(I-\hat{A}_c)X=N$，是按照投入产出表的纵向关系构建的列模型，反映总产品X与增加值N的关系，其中$\hat{A}_c$为直接物质消耗系数a_{cj}组成的对角矩阵，$\hat{A}_c = \begin{pmatrix} a_{c1} & & & 0 \\ & a_{c2} & & \\ & & \ddots & \\ 0 & & & a_{cn} \end{pmatrix}$，$a_{cj} = \sum\limits_i a_{ij}$。

根据方程组可对总产品X、最终产品Y和增加值N进行预测与统筹分析，以及其他相应分析。

三、宏观经济的视角

国民经济是各产业部门、各厂商、各居民家庭相互联系、相互供给、相互需求组成的系统。系统是组成部分构成的整体；系统是有结构的；它具有一定程度的自我调节功能，也更易掩饰问题本源。用系统观点看待国民经济，宏观经济与微观经济相比有以下特点。

1. 一些部门的供给是中间产品，一些部门的需求是中间产品需求。中间产品是必不可少的，然而站在总体上看，它们是被相互消耗的中间过渡，不形成最终产品，不构成社会总供给和社会总需求。总体不等于个体的简单相加。

2. 站在总体的角度观察内部，此部门的支出即是其他部门的收入。各部门相互联系、彼此需求，收即是支，支即是收；再生产的接续运转使支出与收入具有连锁的派生效应。系统是一个整体，系统内部是相互需要、相互支撑、连锁反应的。

3. 系统是有结构的，重要结构影响国民经济运行。系统内部的重要结构保持平衡合理是系统正常运转的必要条件。系统出现问题主要来自内部，系统内部的重要结构发生失衡，会影响整个系统的良性运行。投资与消费的比例、产业结构、区域结构等影响国民经济总体运行，投资与消费的比例是经济增长的心脏。

4. 系统具有一定的自我调节机能，要尽量依靠经济系统的自我调节机制。各部分结合在一起形成整体，会由于各部分的相互制衡与修正，使整体自然而然地产生一定的自我矫正与修复能力。我们不能把系统理解成各部分的机械组合，想象得过于简单，动辄实施人为干预，依靠外力解决问题。系统是具有功能性的有机体。

5. 系统具有传导转移特征，经济管理需要辨清问题、针对本源。由于系统内部各组成部分相互连接与作用传导，使经济系统中的深层次问题往往表现为外围的、经济运行表象层面的问题，而真正的问题往往被掩盖起来不易察觉，不同的经济症结可能表现为相同的运行现象，此环节的问题也常常传导表现为彼环节问题。这需要经济管理实践者不可"头痛医头、脚痛医脚"，就事论事，而要以经济理论为参照，分析问题，抽丝剥茧，找准症结和本源，出台措施。

第二节　社会总供求的构成

一、社会总需求的定义与构成

（一）社会总需求的定义

社会总需求是指一个国家或地区在一定时期内（通常为 1 年）形成的

对最终产品和服务的购买力总量。

（二）社会总需求的构成

从上述投入产出表的第Ⅱ象限可以看出，一个社会在一定时期内生产的最终产品 Y 主要用于消费、投资、出口三个方面，可见，社会总需求主要包括消费需求、投资需求、出口需求等三方面需求。

二、社会总供给的定义与构成

（一）社会总供给的定义

社会总供给是指一个国家或地区在一定时期内（通常为 1 年）提供社会的最终产品和服务总量。

（二）社会总供给的构成

提供一个社会的产品和服务既包括国内生产成果也包括进口产品，除当期消费外还剩余一部分，我们称之为积累，因此，社会总供给主要包括消费、积累、进口三部分。

第三节　社会总供求的真实平衡和表上平衡

一、社会总供求的真实平衡

社会总供给与社会总需求达到事实上的一致并不是一件很容易的事情，甚至可以说只是偶然发生的情况。这是因为决定供给的因素与决定需求的因素是不同的，它们有各自的影响因素。

从总体上看，社会总需求是人们的需要与购买力的交集，是有支付能力的购买意愿或者购买计划。社会总供给是向市场提供的商品和服务。只有人们的购买意愿、购买计划与厂商现实向社会提供的商品和服务相等时，才可以达到社会总供求相等。如果人们的购买意愿、购买计划大于市场上现实的商品和服务，则总需求大于总供给，一部分人买不到商品，将推动价格上涨；如果人们的购买意愿、购买计划小于市场上现实的商品和服务，则总需求小于总供给，一部分商品卖不出去，无法实现市场出清，会形成非意愿存货。

从分项上看，已如前述，社会总需求包括消费需求、投资需求、出口需求三个方面，社会总供给包括消费、积累、进口三个部分。对于消费需求，只有人们购买了消费品、实现了消费品的市场交易，才能被确定为消费需求，因此，社会总需求中的消费需求与社会总供给中的消费相等，至少在数量的确认上是这样；如果我们再抽象掉国外经济，只考察国内，则出口需求和进口供给不存在。如此，社会总供给与社会总需求能否实现平衡的关键在于储蓄是否等于投资需求（计划投资、意愿投资），简称储蓄等于投资，即：最终产品和服务在扣除消费后，剩余的未被当期消费而被留下来的部分（储蓄），是否都是人们计划或意愿用作投资的部分。从这个角度讲，**储蓄可以被理解为对投资的供给**，它与投资需求应当保持平衡。如果剩余部分（储蓄）多于人们计划或意愿用作投资的数量，则供过于求；如果剩余部分（储蓄）少于人们计划或意愿用作投资的数量，则供不应求。**社会总供求平衡的条件是储蓄等于投资，不存在非意愿投资。**

二、社会总供求的表上平衡

会计学中，在会计报表的设计和处理上，我们有时为了保持报表数据的勾稽关系，将收入与支出相抵后的余额也作为支出的一项列示在支出方，使报表上收入≡支出。

国民经济核算在本质上就是会计核算，核算国民经济所使用的一套报表、指标被称为国民账户体系（system of national accounts，SNA），其在投资的处理上采取了与上述会计报表近似的做法，将社会总供给大于社会总需求形成的存货，作为投资的一项列示为存货投资，从而保持国民账户体系的核算平衡。事实上，这样处理也有其合理性，因为这笔存货没有卖出去仍保留在厂商手中，厂商主动留存的库存商品与期望销售而未能售出的商品在宏观层面不易区分，因而一并作为厂商进行的库存商品投资，这是一种客观上的事后形成的投资结果，故有时称为"事后投资"，而与前面的"投资需求""计划投资"相区别，非意愿存货可理解为被动投资。如此一来，从国民经济核算的实务角度，储蓄≡投资。

综上，社会总供求平衡条件是储蓄＝投资，是指储蓄＝投资需求或计划投资；而储蓄≡投资是指国民经济核算体系中由于设计原因而形成的恒等式或事后投资。

第四节　经济总量的决定

经济总量取决于社会总供给和社会总需求。一方面，当期经济总量是由社会总供给与社会总需求之中的较小者决定的，只有供给和需求中达成一致、完成交易的部分才能实际形成经济总量；另一方面，社会总供给与社会总需求的平衡状态决定着下期经济总量的变动方向，如果本期需求大于供给，会对下期供给和经济总量的提高产生诱导作用，如果本期需求小于供给，会对下期供给和经济总量的提高产生一定程度的打击。

从社会总供给的角度看，一国可以实现的经济总量水平，归根到底取决于厂商的产能和适应市场的能力，取决于厂商能否按照社会大众的市场需求提供适销对路的有效供给。具体而言，取决于资本、劳动力、人力资本、技术和管理水平等生产要素的充分程度，以及市场竞争充分程度等多种因素（见第三章）。

从社会总需求的角度看，经济总量取决于消费需求、投资需求和出口需求三个分项。

消费需求 C^d 的决定。消费需求的高低取决于人们的需要、收入水平、商品的价格、供给创新的激发等多种因素（见第二章）。

现假设其他因素不变，设消费需求是收入的函数，收入增加则消费需求增加，收入减少则消费需求减少，消费需求函数为 $C_t^d = \alpha + \beta Y_t$，其中：$C_t^d$ 为第 t 期消费需求；Y_t 为第 t 期收入；α 为基础消费，是即便没有收入，为维持生存也要维持的基本消费；β 是边际消费倾向，$\beta = \Delta C^d / \Delta Y$，即每增加 1 元收入，收入中用于消费的部分（$0 \leqslant \beta \leqslant 1$）。

相应的，由于在不考虑对外经济的情况下 $Y = C + S$，根据消费需求函数 $C_t^d = \alpha + \beta Y_t$，有储蓄函数 $S_t = -\alpha + (1 - \beta) Y_t$。

投资需求 I^d 的决定。投资需求是派生需求、引致需求，对投资的需求是为了满足消费需求而组织生产被派生创造出来的，投资需求在具体种类方向上主要取决于消费需求。一个社会总体的投资需求数额主要取决于国民收入：其一，投资需求首先取决于收入水平即绝对收入，无论个人还是国家，当处于低收入水平时，收入主要被用于消费，投资需求必然低；其二，投资需求还取决于收入的变动值即相对收入，当人们预期收入较上期有大幅增加时，投资需求就会提高。

国民收入（产出）是要素通过生产过程创造出来的，在假设其他要素不变的情况下，收入主要取决于投资增加，建立收入与投资的关系 $Y_t = A + BI_t$，其中：Y_t 为第 t 期国民收入；I_t 为第 t 期投资；A 为投资为 0 时的国民收入；B 为投资对国民收入的影响系数，即每增加 1 元投资能够带来的收入增加。由该式解出投资需求函数为 $I_t^d = -\dfrac{A}{B} + \dfrac{1}{B} Y_t$。

特别的，当社会总供给等于社会总需求时，由于储蓄 = 投资需求，$S_t = I_t^d$，有：$I_t^d = -\alpha + (1 - \beta) Y_t$，相应的，$\dfrac{A}{B} = \alpha$，$\dfrac{1}{B} = 1 - \beta$。

推论 1：当整个社会处于完全竞争市场时，投资需求函数为 $I_t^d = -\alpha + (1 - \beta) Y_t$。这是因为，完全竞争市场条件下的成交价格为市场出清时的均衡价格，完全竞争市场条件下的投资等各项经济指标为社会总供求均衡时的状态，由于社会总供求均衡时有 $S = I$，故完全竞争市场条件下投资需求函数为 $I_t^d = -\alpha + (1 - \beta) Y_t$。

推论 2：在不完全竞争市场，即存在一定程度垄断的市场、现实经济中，投资需求函数 $I_t^d \neq -\alpha + (1-\beta)Y_t$，$\dfrac{A}{B} \neq \alpha$，$\dfrac{1}{B} \neq 1-\beta$。这是因为，在存在垄断的现实经济中，成交价格并非使市场出清时的均衡价格，投资等各项经济指标现实数值并非社会总供求均衡、市场出清时的数值，故在现实经济不完全竞争市场条件下投资需求函数 $I_t^d \neq -\alpha + (1-\beta)Y_t$。

出口需求 E^d 的决定。出口需求主要取决于本国产品的国际竞争力。

第五节　乘数和加速原理研究

一、乘数原理

投资乘数是指投资每变动 1 元引起的国民收入变动。

投资变动会引起收入成倍增加，是因为投资支出引起国民收入连锁反应，这种连锁反应的关键因子在于边际消费倾向。已如前述，各经济部门、各个市场构成了经济系统，国民经济各部门、各市场是相互联系的。例如，某厂商增加投资 1000 元，购买机器设备、支付工资，这首先使生产机器设备的厂商和劳动者得到 1000 元，劳动者得到工资，厂商需要增加购买原材料、设备、劳动力开展生产，收入具体表现为工资、利息、利润等，这使国民收入增加 1000 元，这是投资对收入的第一轮影响；接下来，假定边际消费倾向是 0.8，要素所有者会将增加的收入的 80% 用于消费，其购买商品和服务的支出将使全社会的销售扩大 800 元，使国民收入增加 800 元，这是投资对收入的第二轮影响；如此发生连锁反应直至衰减为 0。用数学公式表示这一过程为：$\Delta Y = \Delta I + \beta \Delta I + \beta^2 \Delta I + \cdots + \beta^{n-1} \Delta I + \cdots = \sum\limits_{n=1}^{\infty} \Delta I \cdot \beta^{n-1}$。可见，这是一个以 β 为公比、以 $\Delta I \beta^{n-1}$ 为一般项的几何级数。根据几何级数的数学定理，$|\beta| < 1$，级数收敛，且 $\lim\limits_{n \to \infty} S_n = \dfrac{\Delta I}{1-\beta}$，故

$\Delta Y = \dfrac{\Delta I}{1-\beta}$。上式写为 $\Delta Y = k\Delta I$，k 为投资乘数。

$$k = \frac{1}{1-\beta} \tag{9.1}$$

投资乘数与边际消费倾向成同向变动，边际消费倾向高则投资乘数大，边际消费倾向低则投资乘数小。投资乘数对国民收入产生的连锁影响是双向的，既可以引起国民收入倍增也可以引起国民收入倍减，投资增加时倍数推动收入增加，投资减少时倍数推动收入减少。

二、加速原理

（一）加速数

乘数论是说明投资变化如何引起收入变化，那么加速原理就是说明收入变化从而说明消费变化如何引起投资变化。

加速原理假定产量（产值）与资本额存在等比例关系，$v = K/Y$，其中：Y 为一定时期（通常为 1 年）的产出，K 为生产这一产量（产值）需要的资本额，v 为资本与产量（产值）的比率。上式可写成 $K = vY$，考虑时间因素有：

$$K_t = vY_t \tag{9.2}$$
$$K_{t-1} = vY_{t-1} \tag{9.3}$$

以上两式相减得：

$$I_t = v(Y_t - Y_{t-1}) \tag{9.4}$$

其中：v 为加速数，也即资本产量比，I_t 为第 t 期投资，Y_t 为第 t 期产出（收入），Y_{t-1} 为第 $t-1$ 期产出（收入）。

根据式（9.4），投资是产出（收入）变动量的函数，由于产出（收入）一个很小的变动量可能导致投资成倍增长（这要取决于资本产量比），故称 v 为加速数。

由于消费是收入的函数，因此也存在消费变动量与投资之间的关系：

$$I_t = v_C (C_t - C_{t-1}) \tag{9.5}$$

其机制是，收入的增长相应带来消费的增长，消费的增长要求生产消费品的资本增加，资本增加即为投资。

（二）加速原理的依据：绝对收入假说还是相对收入假说

人们普遍认为，凯恩斯主义的乘数理论依据的是绝对收入假说，即假定收入的绝对水平决定消费，$C_t = \alpha + \beta Y_t$；而加速原理依据的是相对收入假说，即假定收入的变化或相对收入决定投资，$I_t = v(Y_t - Y_{t-1})$。那么，这两个理论在基础依据上的确有重大不同、分属于两个不同的理论前提吗？

1. 从绝对收入假说开始，建立收入水平与投资的关系式 $Y = A + BI$

考虑时间因素有：

$$Y_t = A + BI_t \tag{9.6}$$

$$Y_{t-1} = A + BI_{t-1} \tag{9.7}$$

以上两式相减得：$Y_t - Y_{t-1} = B(I_t - I_{t-1})$ 或 $\Delta Y = B\Delta I$

令 $a = 1/B$，有：

$$\Delta I = a(Y_t - Y_{t-1}) \tag{9.8}$$

$$或 I_t - I_{t-1} = a(Y_t - Y_{t-1}) \tag{9.9}$$

投资的变动量是收入变动量的函数。

2. 让我们换一个角度，仍以式（9.6）为起点，考虑当 $I_t = 0$ 时，有 $Y_t = A$，故 A 表示在投资为 0 即既无正投资也无负投资的资本规模保持不变的简单再生产条件下的收入，因此 $A = Y_{t-1}$，或者更一般意义的 $A = Y_0$

又由于 $Y_t = Y_{t-1} + \Delta Y$ 或者 $Y_t = Y_0 + \Delta Y$

根据式（9.6）$Y_t = A + BI_t$ 可知：$\Delta Y = BI_t$ 或写成：$(Y_t - Y_{t-1}) = BI_t$

令 $a = 1/B$，有：

$$I_t = a\Delta Y \tag{9.10}$$

$$或 \qquad I_t = a(Y_t - Y_{t-1}) \tag{9.11}$$

投资是收入变动量的函数。

3. 二者推导结论不同，差异原因：

在第（1）种情形下，A 为任何值都成立，可以单纯从拟合技术的优度考虑，根据 $Y_t = A + BI_t$ 拟合投资与收入的任何线性关系。当然，如果拟合的 A 与 Y_{t-1} 或 Y_0 偏离太大也不可取，因为从经济学角度，应有当 $I_t = 0$ 时 $A = Y_{t-1}$ 或 Y_0。

在第（2）种情形下，由于首先考虑到当 $I_t = 0$ 时 $A = Y_{t-1}$ 或 Y_0，因此第（2）种情形下 $I_t = a\Delta Y$ 的结论仅限于 $Y_t = A + BI_t$ 模型中 $A = Y_{t-1}$ 或 Y_0 的模型，即拟合成 $Y_t = Y_{t-1} + BI_t$ 或者 $Y_t = Y_0 + BI_t$ 的模型。

综上，相对收入假说模型是绝对收入假说模型中的一种情形，是一种条件更严格的情形，必须是 $A = Y_{t-1}$ 或 Y_0 的情形。

三、乘数—加速原理

（一）乘数—加速原理对经济周期的解释

乘数与加速数联合运用是当代经济学解释经济周期波动的很有影响的理论之一。按照该理论，投资导致收入以乘数增长，收入增长带来消费增长，又反过来引起投资按照加速数增长，它们循环推动，推动经济大幅增长，到达一定程度后随着收入增长减缓，它们又循环推动经济大幅下降，由此造成经济起落，形成经济周期。对于乘数—加速原理描述的机制，我们认为，可将其称为"经济中的蝴蝶效应"，而支出和投资则是扇动收入的"蝴蝶的翅膀"。

设国民收入由三部分形成：（1）政府支出 G_t；（2）由上期包括政府支出在内形成的收入决定的消费 $C_t = \beta Y_{t-1}$；（3）由消费增量所引起的投资 $I_t = v_C(C_t - C_{t-1})$，则有国民收入函数：

$$Y_t = G_t + \beta Y_{t-1} + v_C(C_t - C_{t-1}) \tag{9.12}$$

一个被广泛采用的例子见表 9-2。假设初始国民收入总额 $Y_0 = 1$，政府支出 $G_t = 1$，边际消费倾向 $\beta = 0.7$，加速数 $v_C = 1$，则有：

表 9 - 2　　　　　　　　　乘数—加速原理例 1

时期 t	政府支出 G	从上期国民收入中来的本期消费 C	消费的增加额 $C_t - C_{t-1}$	消费增加额引致的本期私人投资 $I_t = V_C(C_t - C_{t-1})$	国民收入总额 $Y = G + C + I$	经济变化趋势	社会累计储蓄余额 S
1	—	—	—	—	1.00	—	—
2	1.00	0.70	0.70	0.70	2.40	复苏	- 0.70
3	1.00	1.68	0.98	0.98	3.66	复苏	- 0.98
4	1.00	2.56	0.88	0.88	4.44	复苏	- 0.88
5	1.00	3.11	0.55	0.55	4.66	繁荣	- 0.55
6	1.00	3.26	0.15	0.15	4.41	衰退	- 0.15
7	1.00	3.09	- 0.17	- 0.17	3.92	衰退	0.17
8	1.00	2.74	- 0.35	- 0.35	3.39	衰退	0.35
9	1.00	2.38	- 0.37	- 0.37	3.01	衰退	0.37
10	1.00	2.11	- 0.27	- 0.27	2.84	萧条	0.27
11	1.00	1.99	- 0.12	- 0.12	2.87	复苏	0.12
12	1.00	2.01	0.02	0.02	3.03	复苏	- 0.02
13	1.00	2.12	0.11	0.11	3.23	复苏	- 0.11
14	1.00	2.26	0.14	0.14	3.40	复苏	- 0.14
15	1.00	2.38	0.12	0.12	3.51	复苏	- 0.12

上面这个常用的例子，用来说明乘数和加速数相互作用对经济的 2 个重要影响：一是使收入成倍增长，初始收入仅为 1，通过乘数和加速数的推动达到 3、4；二是造成收入的大起大落，形成经济周期波动。

（二）对乘数—加速原理的分析

乘数—加速原理具有重要意义：一是该理论主要从经济系统内生因素解释经济周期，而非归咎于外因，在基本导向上对经济周期的研究进行了纠正；二是该理论揭示了经济系统各变量之间传递影响的连锁反应。

乘数—加速原理也有其局限性。

1. 乘数—加速原理只从需求的角度解释经济周期的形成，忽视对供给角度的考虑，因而对周期的解释不完整。根据乘数—加速原理的基本公式 $Y_t = G_t + \beta Y_{t-1} + v_C(C_t - C_{t-1})$，产出和收入由政府支出、消费需求、投资需求三部分组成，没有考虑供给因素对产出和收入的影响，换言之，模型假定只要有需求则经济系统就能提供相应的供给，产出和收入取决于需求。可见，模型在本质上属于凯恩斯主义主流经济学的范畴。事实上，需求和供给是经济中两个不可或缺的基本方面，无论萨伊的供给创造需求，还是凯恩斯的需求决定供给，都是不全面的，产出（收入）是由供给和需求共同决定的。

2. 模型中用于举例的政府支出普遍偏大，扩大了乘数—加速数对国民收入的推动作用。由于政府支出本身就构成国民收入，因此举例中的政府支出过大本身推高了下期的国民收入，夸大了乘数和加速数的作用。以表 9 – 2 为例，初始国民收入为 1，接下来第 2 期的政府支出也为 1，达到国民收入的 100%，这种情况是要么全部国民收入都被政府使用，要么政府实施货币超发，这显然是不合理的。我们知道，投资的来源，或来自储蓄，即实际产出；或来自货币超发，即名义产出超过实际产出。如果是来自实际产出，那么就某一具体时期而言，储蓄与投资不等是常见的情况，但是，从一个相当长的时期总体地看，储蓄总额与投资总额应当差别不大，因为如果投资使用实际产出，就来自产出扣除消费后剩余的部分即储蓄。但在表 9 – 2 中，从该经济体在整个时期的运行状况可见，截至最后一期社会累计储蓄余额是 – 0.12，我们将各期投资加总后，各期投资之和是 2.38，总投资超过总储蓄 2.5，没有实际产出作为来源，这个超额投资来自国家掌握的货币发行超出实际产出。因此，国民收入由初始时的 1 增至 3、4，在很大程度上并非乘数和加速数推动经济总量的实际扩张，而是货币超发导致的物价上涨、名义收入增加。为了反映乘数与加速数对实际产出（收入）的影响，政府支出应当限定在全部时期的储蓄总额与投资总额大致相等条件下，当然，每期储蓄与投资可以不同，为此，如果边际消费倾向仍为 0.7，则在初始收入为 1 的情况下，将政府支出定为 0.3，计算结果见表 9 – 3。从表 9 – 3 可见，剔除货币超发造成的名义收入上涨因素后，乘数和加速数仍然推动了实际产出（收入）的增加，但其作用力度没有那么大。

表 9 – 3　　　　　　　　　　　　乘数—加速原理例 2

时期 t	政府支出 G	从上期国民收入中来的本期消费 C	消费的增加额 $C_t - C_{t-1}$	消费增加额引致的本期私人投资 $I_t = V_C(C_t - C_{t-1})$	国民收入总额 $Y = G + C + I$	经济变化趋势	社会累计储蓄余额 S
1	—	—	—	—	1.00	—	—
2	0.30	0.70	0.70	0.70	1.70	复苏	0.21
3	0.30	1.19	0.49	0.49	1.98	繁荣	0.50
4	0.30	1.39	0.20	0.20	1.88	衰退	0.77
5	0.30	1.32	−0.07	−0.07	1.55	衰退	0.93
6	0.30	1.08	−0.23	−0.23	1.15	衰退	0.98
7	0.30	0.81	−0.28	−0.28	0.83	衰退	0.93
8	0.30	0.58	−0.23	−0.23	0.65	衰退	0.82
9	0.30	0.46	−0.12	−0.12	0.64	萧条	0.71
10	0.30	0.45	−0.01	−0.01	0.73	复苏	0.63
11	0.30	0.51	0.07	0.07	0.88	复苏	0.60
12	0.30	0.62	0.10	0.10	1.02	复苏	0.60
13	0.30	0.71	0.10	0.10	1.11	复苏	0.64
14	0.30	0.78	0.07	0.07	1.14	繁荣	0.68
15	0.30	0.80	0.02	0.02	1.12	衰退	0.72
16	0.30	0.79	−0.02	−0.02	1.07	衰退	0.74
17	0.30	0.75	−0.04	−0.04	1.01	衰退	0.74
18	0.30	0.71	−0.04	−0.04	0.97	衰退	0.73
19	0.30	0.68	−0.03	−0.03	0.95	萧条	0.71
20	0.30	0.66	−0.02	−0.02	0.95	萧条	0.70
21	0.30	0.66	0.00	0.00	0.97	复苏	0.69
22	0.30	0.68	0.01	0.01	0.99	复苏	0.68
23	0.30	0.69	0.02	0.02	1.01	复苏	0.69
24	0.30	0.71	0.01	0.01	1.02	繁荣	0.69

续表

时期 t	政府支出 G	从上期国民收入中来的本期消费 C	消费的增加额 $C_t - C_{t-1}$	消费增加额引致的本期私人投资 $I_t = V_C(C_t - C_{t-1})$	国民收入总额 $Y = G + C + I$	经济变化趋势	社会累计储蓄余额 S
25	0.30	0.71	0.01	0.01	1.02	繁荣	0.70
26	0.30	0.72	0.00	0.00	1.02	繁荣	0.70
27	0.30	0.71	0.00	0.00	1.01	衰退	0.71
28	0.30	0.71	−0.01	−0.01	1.00	衰退	0.71
29	0.30	0.70	−0.01	−0.01	0.99	萧条	0.70
30	0.30	0.70	0.00	0.00	0.99	萧条	0.70
31	0.30	0.69	0.00	0.00	0.99	萧条	0.70
32	0.30	0.70	0.00	0.00	1.00	稳定	0.70
33	0.30	0.70	0.00	0.00	1.00	稳定	0.70

3. 乘数—加速原理有限解释了经济周期，但并不全面。由乘数—加速原理基本公式 $Y_t = G_t + \beta Y_{t-1} + v_C(C_t - C_{t-1})$ 和 $C_t = \beta Y_{t-1}$ 有：

$$Y_t = G_t + \beta Y_{t-1} + v_C \beta (Y_{t-1} - Y_{t-2}) \tag{9.13}$$

$$Y_t - (1 + v_C)\beta Y_{t-1} + v_C \beta Y_{t-2} = G_t \tag{9.14}$$

式（9.14）将乘数—加速原理基本公式化成了二阶常系数非齐次差分方程。

根据差分方程的平稳性和敛散性可知，差分方程因常系数不同，脉冲与极限存在三种情况：（1）脉冲不断增大，极限不存在；（2）脉冲逐渐减弱，方程收敛于一个稳定点；（3）保持相对均匀的振荡无极限。乘数—加速原理构建的模型由于本质上是差分方程，必然也表现为上述运动状态。对应到经济周期中，若乘数—加速原理构建的模型出现第1种情况，说明根据乘数—加速原理，当各期政府支出不变时，经济周期的振幅不断加剧，经济剧烈振荡超出人们可以承受的范围；若出现第2种情况，说明当各期政府支出不变时，周期波动逐步减小，经济周期将消失；若出现第3种情况，说明经济运行将规律性地持续波动。

在实际经济运行中，经济周期是一直存在的，它不会经过一段时间就消失，也不会振动幅度不断加剧，是比较有规律性、在一定幅度之内的。可见，根据乘数—加速原理构建的模型，只有第 3 种情况才比较符合经济周期波动的实际情况。然而遗憾的是，乘数—加速原理给出的模型 $Y_t = G_t + \beta Y_{t-1} + v_C(C_t - C_{t-1})$，第 3 种情况即经济持续有规律地波动却是偶然的、不常见的情况，只有符合一定数学条件才能出现，通常出现的恰恰是第 1、第 2 种情况。以表 9 – 3 为例，按照 $Y_t = G_t + \beta Y_{t-1} + v_C(C_t - C_{t-1})$ 构建的 $G_t = 0.3$、$\beta = 0.7$、$v_C = 1$ 的乘数—加速模型，可化为 $Y_t - 1.4Y_{t-1} + 0.7Y_{t-2} = 0.3$ 的二阶常系数非齐次差分方程，反映的经济周期波动如图 9 – 1 所示，属于第 2 种情况，即尽管各项支出始终存在，但经济在经过几次波动后将变得非常稳定，周期现象将消失。事实上，上例中只有当 Y_{t-1} 的系数的模 $|(1+v_C)\beta|$ 小于 2 且 Y_{t-2} 的系数即边际消费倾向 β 与加速数 v_C 的乘积恰好等于 1 时 Y_t 才保持规律性地振荡，经济才保持周期性的波动，多数情况是波动消失或者波动加剧。

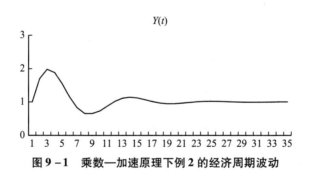

图 9 – 1　乘数—加速原理下例 2 的经济周期波动

根据二阶常系数差分方程的数理性质，Y_{t-2} 的系数等于 1 是方程成为周期性函数的必要条件，方程才能保持周期性，既不会振荡衰减至周期消失，也不会振荡不断加剧。证明如下：对于二阶常系数差分方程 $Y_t + aY_{t-1} + bY_{t-2} = c$，有特征方程 $\lambda^2 + a\lambda + b = 0$，当 $a^2 - 4b > 0$ 时，有两个相异的实数根；当 $a^2 - 4b = 0$ 时，有两个相同的实数根；当 $a^2 - 4b < 0$ 时，有两个共轭复根。本例中，$a^2 - 4b = 1.4^2 - 4 \times 0.7 = -0.84 < 0$，故有两个

共轭复根。将共轭复根用三角函数形式表示为：$\lambda_{1,2} = r\cos\theta \pm ri\sin\theta$，其中：$r = \sqrt{\alpha^2 + \beta^2} = \sqrt{b}$，（$\alpha = r\cos\theta$，$\beta = r\sin\theta$），当 $r < 1$ 方程振荡衰减，当 $r > 1$ 时方程振荡发散，仅当 $r = 1$ 时方程可能保持周期性，形成周期函数。根据 $r = 1 = \sqrt{\alpha^2 + \beta^2} = \sqrt{b}$ 解得 $b = 1$，即 Y_{t-2} 的系数等于1。本例中 $b = 0.7$，解得 $r = 0.837 < 1$，故方程振荡衰减，周期消失。这是由于只有当 $1 = \sqrt{\alpha^2 + \beta^2}$ 时方程的根落在单位圆上振幅被保留下来，当 $r < 1$ 时落在单位圆之内振幅逐次衰减，当 $r > 1$ 时落在单位圆之外振幅加剧。

这说明，乘数—加速原理只是部分地解释了经济周期现象，经济周期中还存在着乘数—加速原理没能充分揭示出的波动因素与稳定因素，乘数—加速原理对经济周期的解释是有限的。

第六节 本章小结

基于前面各章讲述的经济系统的基本规律及各市场的依存与竞争关系，从本章开始进入经济总体运行。

（1）本章首先以投入产出表（部门联系平衡表）为引，介绍了由各经济部门相互联系组成的经济整体概貌。（2）介绍了社会总供给与社会总需求的构成。（3）分析了经济总量的平衡条件，阐述了社会总供给与社会总需求真实平衡与表上平衡的关系。（4）提出经济总量的决定因素，经济总量是由社会总供给和社会总需求两方面共同决定的。（5）介绍了基于经济系统的内部联系而产生的乘数原理、加速原理，分析了绝对收入假说与相对收入假说之间的关系。（6）分析了乘数与加速数联合运用形成的乘数—加速原理。

第十章 经济增长理论

第一节 主流经济增长理论述评

一、哈罗德—多马增长模型

以凯恩斯的有效需求不足理论为基础，考察一个国家在长时期内国民收入和就业的稳定均衡增长所需条件。

假设前提：（1）全社会所生产的产品只有一种，可为消费品，也可为资本品；（2）储蓄 S 是国民收入 Y 的函数；（3）只有劳动 L 和资本 K 这两种生产要素；（4）劳动力按一个固定不变的比率增长；（5）产品的规模收益不变；（6）不存在技术进步。

哈罗德认为，要实现均衡的经济增长，国民收入增长率 Gw 必须等于社会储蓄率 s（s = 储蓄量/国民收入）与资本产出比 v（v = 资本存量/国民收入）二者之比，即要求 s、v 和 Gw 这三个变量具备以下条件：$Gw = s/v$。在 s 和 v 固定不变的情况下，只有储蓄全部转化为投资，产量 Y、资本存量 K 和投资 I 才能按增长率 Gw 年复一年地增长下去。投资具有双重效应，不仅能增加总需求，而且也能增加总供给，要使逐年的新投资不断扩大的生产能力始终得到充分利用，则产量（收入）应按固定不变的增长率逐年增长，哈罗德称这种增长率 Gw 为有保证的增长率（稳态增长率），又称为均衡增长率。

哈罗德称实际增长率为 G，为了使社会经济实际上能够均衡地增长，要求 $G = Gw = s/v$。在现实经济中，由于储蓄不一定全部转化为投资，或总需求与总供给不一定相等，所以 G 和 Gw 的完全一致仅是偶然的巧合，一旦实际增长率和有保证的增长率（稳态增长率）不一致时，在随后的时期里，将出现累积性的经济扩张（$G > Gw$）或经济收缩（$G < Gw$）。

哈罗德还提出了"自然增长率" Gn 这个概念。自然增长率 Gn 是人口变动和技术变动条件下一个国家所能实现的最大的增长率。考虑到劳动力的增长这个因素时，要实现充分就业的均衡，国民收入的增长率必须等于劳动力的增长率，要求 $G = Gw = Gn$，以避免失业的存在。

哈罗德认为，实现充分就业均衡增长 $G = Gw = Gn$ 的可能性是存在的。但是，由于储蓄比例、实际资本产出比和劳动力增长率分别由各不相同的若干因素独立地决定，因此一般情况下，经济很难按照均衡增长途径增长。而且实际增长率与有保证的增长率之间一旦发生了偏差，经济活动不仅不能自我纠正，还会产生更大的偏离。这被称为哈罗德"不稳定原理"，意味着经济发展很难稳定在一个不变的发展速度上，容易连续上升或下降，呈现剧烈波动。

二、索洛增长模型（新古典增长模型）

20 世纪 50 年代，由索洛等人提出的一个增长模型。由于它的基本假设和分析方法沿用了新古典经济学的思路，故被称为新古典增长模型。该模型得出的结论是，经济可以稳定增长，条件是人均资本不发生变化，此时经济以人口增长率增长。

新古典增长模型（Neoclassical Growth Model）假设：（1）全社会只生产一种产品；（2）生产要素（K、L）之间可以相互替代；（3）生产的规模收益不变；（4）储蓄率不变；（5）不存在技术进步；（6）人口增长率不变；（7）生产要素的边际收益递减。

模型： $$sf(k) = \Delta k + nk 。 \tag{10.1}$$

模型（10.1）中，s 为储蓄率；k 为人均资本占有量；$y = f(k)$ 为人均形式的生产函数；n 为人口（或劳动力）增长率；Δk 为单位时间内人均资本的改变量。模型表明，一个经济社会在单位时期内（如 1 年）按人口平均的储蓄量被用于两个部分：一部分为人均资本的增加 Δk，即为每一个人配备更多的资本设备；另一部分为新增加的人口按原有的人均资本配备设备 nk。第一部分被称为资本的深化，而后一部分则被称为资本的广化。

为了阻止人均资本 k 下降，需要用一部分投资来抵消折旧，同样还需要一些投资用于劳动数量的增长。索洛认为经济中存在着一条稳定的均衡增长途径，就长期来说，国民收入的增长率等于劳动力的增长率。无论最初的资本—劳动比率数值如何，经济活动总是趋向于一条均衡的经济增长途径。

三、罗斯托经济成长阶段理论

罗斯托经济成长阶段理论属于经济发展的历史模型。在该模型中经济发展的 6 个阶段依次是传统社会阶段、准备起飞阶段、起飞阶段、走向成熟阶段、大众消费阶段和超越大众消费阶段。第三阶段即起飞阶段与生产方式的急剧变革联系在一起，意味着工业化和经济发展的开始，在所有阶段中是最关键的阶段，是经济摆脱不发达状态的分水岭，罗斯托对这一阶段的分析也最透彻。

罗斯托认为，经济起飞必须具备 4 个条件：（1）生产性投资率提高，占国民收入的比例提高到 10% 以上；（2）经济中出现一个或几个具有很高成长率的领先部门；（3）发明和革新十分活跃，生产过程吸收了科学技术所蕴藏的力量；（4）适宜的政治、社会以及文化风俗环境。在起飞阶段，随着农业劳动生产率的提高，大量的劳动力从第一产业转移到制造业，外国投资明显增加，以一些快速成长的产业为基础，国家出现了若干区域性的增长极。

四、二元经济结构理论

1954 年刘易斯提出了"二元经济"结构理论。"二元经济"指发展中国家的经济是由两个不同的经济部门组成，一是传统部门，二是现代部门。（1）传统部门。自给自足的农业及简单的、零星的商业、服务业，劳动生产率很低，边际劳动生产率接近零甚至小于零，在该部门存在大量的隐蔽性失业，但容纳着发展中国家的绝大部分劳动力。（2）现代部门。技术较先进的工矿业、建筑业、近代商业、服务业、容纳的就业劳动力较少，劳动生产率较高，工资水平较高，在传统部门的工资之上。

该模型假设劳动力供给的无限性，即存在着大量剩余劳动的传统部门的人均收入水平决定了现代部门工资的下限，现代部门从传统部门大量吸收劳动力，而其工资水平基本保持不变。现代部门的利润来自劳动产出大于工资总量的部分，并不断把利润转化为资本扩大再生产，直至传统部门的剩余劳动被全部吸收。经济发展的实质，就是现代部门的不断扩张和传统部门的不断萎缩。传统部门成为现代部门的劳动力"蓄水池"，以廉价劳动力为现代部门创造利润，累积扩大再生产的资本。

其后，费景汉和拉尼斯（1961）进一步修正和发展了刘易斯的模型，并提出重视技术变化的"费—拉模型"，其中心思想是劳动力转移就业的先决条件是传统部门劳动生产率的提高。

五、大推进（大推动）理论

由英国著名的发展经济学家罗丹提出，是均衡发展理论中具有代表性的理论。该理论的核心是在发展中国家或地区对国民经济的各个部门同时进行大规模投资，以促进这些部门的平均增长，从而推动整个国民经济的高速增长和全面发展。

大推进理论的论据和理论基础建立在生产函数、需求、储蓄供给的三个"不可分性"上。为了克服需求和供给对经济发展的限制，罗丹认为必须以最小临界投资规模对几个相互补充的产业部门同时进行投资，只有这样，才能产生"外部经济效果"。

大推进理论主要包括四个方面的内容。（1）大推进理论的目标是取得外部经济效果。外部经济效果包括两层含义：一是对相互补充的产业部门进行投资，能够创造出互为需求的市场；二是对相互补充的产业部门同时进行投资，可以降低生产成本、增加利润，有助于克服在供给方面阻碍经济发展的障碍。因此，对几个相互补充的产业部门同时进行投资，可以增加社会净产品。（2）实施大推动所需的资本来源于国内国际双向投资。一是国内方面，在不降低国内原有消费水平的基础上，利用一切可能利用的资本增加投资；二是国际方面，罗丹认为，发展中国家或地区的工业化，绝不能仅仅依靠国内资本，还要依赖大量的国际投资和资本引进。（3）大推进的重点投资领域集中于基础设施和轻工业部门。（4）大推进过程必须通过政府计划而非市场调节来组织实施。

六、评析

哈罗德—多马增长模型得出的经济不仅不能自行纠正偏差还会产生更大偏离的加速背离均衡的"不稳定原理"结论与现实不符；认为对供给者（厂商）而言合意的增长率就是"有保证的增长率"，忽视了其他因素的影响，过于武断；关于储蓄与收入始终保持恒定比例的假设条件与现实情况差距较大。

索洛增长模型（新古典增长模型）得出的经济自动向均衡点回归接近，当人均资本低于（高于）均衡增长所需水平，经济系统内在机制会使资本增长率快于（慢于）劳动增长率，从而人均资本和国民收入经常处于稳定均衡点的结论，也不完全符合经常起落波动形成周期、恰处于均衡状态并不常见的经济现实；且关于储蓄与收入始终保持恒定比例、生产的规模报酬不变等假设条件与现实情况差距较大。

二元经济结构理论得出的只有现代部门将传统部门的剩余劳动力全部吸收完毕后传统部门才开始发展的结论与经济现实有出入，事实上，随着劳动力由传统部门向现代部门的逐步转移，传统部门产品的稀缺性将逐步提高，传统部门在这一过程中便会逐渐被现代部门开发；其关于劳动力无限供给的著名假设也与现实不符。

另有一些经济增长理论不再使用数学模型。

罗斯托经济成长阶段理论，主要是对发达国家的先行发展历程描述，更多地在于说明表象和路径，而没有深入探究形成路径的原因，事实上对原因和机制的研究更重要，因为这才是根本，掌握根本便可灵活决定路径，而只了解路径遇到问题时仍无从解决。

大推进理论（大推动理论）的问题，一是我们很难准确得知哪些产业之间的关联度强到必须同时发展，事实上只有市场机制才知道，因此人为制定没有纰漏的系统开发计划并不具有可行性，且不说大推动计划的投资规模问题；二是制定这样一个联动计划也无必要，因为只要市场机制灵敏，迫切需要投资的领域自然会在供求价格机制的作用下被推高利润成为有吸引力的产业，市场机制会自动引导厂商寻找到需要投资的突破口。当然如果有条件的话，国家兴建现代工业和城市需要的基础设施会更有利于发展。

第二节　经济增长的概念与度量

一、经济增长的概念

经济增长是经济运行的表象和结果，是指一个国家（或地区）商品和服务的产出数量或人均产出数量的增加，反映一国生产能力的提高。

经济增长在表象上是一国供给和需求总量的增加，其背后是国民财富的积累、生产能力的扩大，更是国民教育文化素质、经济体制、科技水平不断提升从而劳动生产率和资本报酬率的提高。

二、衡量经济增长的指标

衡量经济增长的主要指标是 GDP（国内生产总值）增长率和人均 GDP（人均国内生产总值）增长率。GDP 是国民账户体系（system of national accounts，SNA）的核心核算指标之一，是衡量产出的主要指标，是指一个国家（或地区）所有常住单位在一定时期内（通常为 1 年）以市场方式组织生产活动取得的最终产品的价值总和。

三、经济增长与经济实力、人民生活既有区别又有联系

（一）经济增长不同于经济实力增强和人民生活水平提高

其一，经济实力增强还包含了产业结构高级化等经济质量因素，而经济增长单纯指数量规模增加。例如，GDP 相同的两个国家，一个国家的主要产业是芯片制造业和航空航天业，另一个国家主要是服装鞋帽业，二者经济实力不同。其二，人民生活水平是否提高，不仅要看人均 GDP 是否提高，还要看市场活力是否充分，商品是否丰富，需求能否得到及时满足。假如人口增长超过了 GDP 增长速度或者与 GDP 增长速度基本持平，则人民生活水平无法得到提高。

（二）经济增长是经济实力增强和人民生活水平提高的前提

只有经济增长、产出增加，才谈得到经济实力增强和人民生活水平提高，产出增加是经济实力增强的一个方面，产出增加才能改善人们生活。

第三节　决定经济增长的影响因素

增长是一种经济表象，属于经济系统的现象层次。它是由需求、供

给、供求价格机制、竞争机制等前述本质层次的要素以及宏观政策相互作用、综合影响决定的，是本质要素运行的反映。因此，一切决定社会有效需求、有效供给的因素，以及竞争机制健全与充分程度、宏观政策倾向与力度，都影响和决定着经济增长。

一、需求因素

（一）支撑经济增长的需求条件

需求的规模性、持续充分性、适宜性，是一国经济获得持续增长的条件。一国经济增长需要稳定持久的、大量的，以及与本国生产能力相适应的需求。

1. 规模性。是就单一商品服务需求而言的，是指某一种需求必须形成一定的规模，才能引导供给、刺激生产、形成经济增长。如果数量过小、不成规模，则生产成本过高，难以实际开展生产。

2. 持续充分性。是就社会总需求而言的，是指国民要提供持久的需求，经济才能持续稳定增长。当低阶段需求基本被供给满足后，还要有足够的动机和更多收入对较高阶段商品服务产生新需求，新旧接续，为供给提供源源不断的吸纳力作为支撑。

3. 适宜性。是就供求匹配而言的，是指国民主流大量的需求或者说社会有效需求的主体部分，必须符合该国现有的生产技术能力和工艺水平，才能对本国供给形成有效吸纳，为经济增长提供支撑。

（二）经济增长需求条件的影响因素

1. 人们需要的满足程度。当人们有大量需要尚未被满足时，需求的规模性、持续充足性都会很高，从而为经济增长提供强有力的吸纳力作为支撑。世界范围内多数国家在发展初期经济会得到高速增长，通常在8%以上，有些甚至达到20%，之后增长速度回落，保持在一个稳定水平，如

2%~5%，主要原因是人们的很多基本需求已通过经济增长得到了满足，需求容量缩小，而并非单纯因为 GDP 基数增大后维持原有比例困难。

2. 收入水平。如前所述，在经济学中有意义的是社会有效需求，有效需求是有货币购买力的需求，直接受到收入的约束。因此，提高劳动者报酬，增加大众收入有利于有效需求的充足性和经济增长。

3. 收入结构。当一国的收入分配结构呈两头小、中间大的钟形分布、枣核状结构，中等收入阶层庞大时，社会需求的主体集中，由于这部分需求是与该国现实生产技术能力、工艺水平相吻合的（这是由于决定该国有效需求总规模的国民收入总量就是由该国生产水平创造的），从而本国供求匹配高，有利于推动本国经济增长。相反，当一国收入分配差距过大，在坐标轴上呈现两头大、中间小的"U"形分布结构，中等收入阶层弱小时，社会需求分散，形成三方面后果：一是与该国现实生产技术能力、工艺水平相吻合的中间需求少，难以为本国供给提供足够支撑；二是大量低收入群体的需求层次低，消费内容多为必需品，消费固化，灵活消费的空间十分有限，把本国生产抑制在低水平阶段，对必需品之外的消费贡献不大，带动作用低；三是高收入群体的边际消费倾向低，他们许多收入不形成对商品的有效需求，而他们对高端奢侈品的需求超过了本国生产技术能力和工艺水平，无法形成对本国工业品的需求，往往成为对国外商品的需求，对本国而言损失了一部分需求。以上三个方面都不利于本国经济增长。

二、供给因素

生产要素和原材料是支撑经济增长必不可少的供给要素。根据生产函数 $Y=f(A, L, K)$，至少包括以下重要因素。

（一）资本积累情况或投入社会生产的资本数量

这里需要格外注意的是，决定经济增长的是参与生产的全部资本，也即一个社会通过漫长积累而形成的资本总额 K，它们存在于社会中对社会生产发挥重要作用，而非仅仅是当年新增投资 I。战争、重大自然灾害会摧毁工厂、设备等资本的实体形态，耗费一国多年积累的社会资本数额，社会中用于生产活动的资本数额大幅减少将导致产出能力的下降，这是战争、重大自然灾害之后经济有一段低迷恢复期的原因。

（二）劳动力数量

在这里，是劳动力数量而非人口数量。劳动适龄人口是生产要素，当然也是消费者；非劳动适龄人口则仅是消费者，仅形成需求而非供给。劳动力数量并非越多越好，它要与一国经济的需要相适应，过少不足以满足生产需要，过多形成闲置，仅保留消费者属性而失去生产者属性。人口数量的适度性，在本章后面"人均经济增长"及第十一章《经济稳定》中做专门性研究。

（三）劳动力质量或人力资本

该因素在一国生产能力、经济增长中具有非同寻常的重要作用。其一，其在很大程度上决定着技术进步和投入产出效率；其二，随着生产技术水平和要求的提高，其在现代生产和经济增长中的贡献越来越大；其三，它是传承与再生生产力的无形力量。前面我们在分析社会资本的重要作用时讲到，战争和重大自然灾害摧毁资本实体、削减资本价值，从而使国家生产能力大幅下降，经济倒退。然而我们看到，第一次世界大战前夕的欧洲强国在经历一战后虽然经济衰退并且也经历了一段低迷的恢复期，但仅仅经过二十年，这些国家再度成为强国，又一个强大的欧洲屹立于世人面前；更为惨烈的第二次世界大战使欧洲满目疮痍，但仅仅又过了二三十年，它们再度成为世界强国。为什么会这样？因为经济并非仅仅是实实在在的有形物质世界，它是有形与无形的统一。资本的积累、经济的富裕与强大，这些属于有形的物质范畴；人口的素质、对知识的理解、对技术的掌握，属于创造繁荣的无形能力。有形的繁荣、积累的资本，可以被战争和灾害轻易摧毁，但是对知识的理解、对技术的掌握深植于国民素质之中，只要民族没有被完全毁灭，这些存在于人口素质中的无形能力就会创造新的资本，恢复和发展技术，生产新的财富。因此，人口素质、人力资本是创造和再生资本与有形繁荣的源泉，是传承技术与经济文明的无形载体。

（四）技术进步和管理水平

熊彼得的创新理论认为，创新就是建立一种"新的生产函数"，提出创新的 5 种形式：引进新产品或提供一种产品的新质量，采用新技术、新生产方法，开辟新市场，获得原材料的新来源，实现企业组织的新方式。其主要内容包括技术创新和管理创新。熊彼得的追随者也发展成为技术创新和制度创新两个学派。格里列希斯的传染模型表明，某项新技术应用初期，由于信息不对称及风险考虑等因素，扩散速度缓慢，应用范围小，对经济增长发挥较低的推动作用；随着扩散范围逐渐扩大，对新技术的知晓以及风险下降，技术扩散呈加速态势，应用范围迅速扩大，对经济增长产生加速推动作用；随着新技术的普及，扩散速度放缓，其对经济增长的推动作用逐渐减低。海莱纳根据技术创新对资本和劳动两种生产要素投入比例的影响将技术创新分为中性的技术进步、劳动节约型技术进步、资本节约型技术进步 3 种类型。

（五）自然资源

自然资源是原材料和能源的来源。它们在经济增长中的作用是，一方面作为劳动对象在生产活动中必不可少，另一方面随着人类社会技术发展，原材料与能源的可替代性不断提高，稀缺性被技术进步逐步弥补，例如人工纤维代替棉布、光能核电代替石油煤炭能源等，使任何一种自然资源对经济发展的限制作用都在降低，技术的进步正在使人类社会逐步摆脱自然资源的束缚。

三、竞争因素

如第七、第八章所述，竞争是否充分，是否存在壁垒，劳动力和资本生产要素是否能够自由流动，决定着经济增长的空间与质量。存在垄断时，垄断组织为获得高额垄断利润，往往建立壁垒限制其他资本和劳动力进入市场，这样，人为缩小了市场空间、投资空间、就业空间和一国经济增长的余地；垄断对竞争的排斥，降低了经济增长的质量。

四、相关政策

第十四章将提到，扩张性政策能够真实地增加社会有效需求，拉动经济增长。但是，有效需求处于宽松的状态，厂商受到的竞争压力被弱化，在正常竞争条件下应当被淘汰的一些企业生存下来，因此扩张性政策不利于经济增长质量的提高。

第四节　再生产的运行条件与运行结果

研究经济增长，不是仅关注一个年度或者一次生产周期的增长，而是一段时期内经济的持续变化过程，因此必然要研究再生产问题。事实上，经济增长的数量、质量与持续性、稳定性，正是社会再生产是否正常运行的反映。

一、再生产持续稳定运行的条件

再生产要保持持续稳定的周而复始良性运行，需要以下条件和要求。

（一）在总量上，总供给与总需求要大致相等

如果供大于求，则一部分最终产品无法得到销售，产品的价值不能完全得到实现进而充分转化为劳动报酬（工资）和资本报酬（利润），再生产将萎缩，经济将下滑。反之，如果供不应求，则一部分需求无法得到满足，引起抢购商品和货币贬值，经济过热。以上都将使经济增长出现振荡

不稳定，背离持续稳定增长的路径。

（二）在结构上，国民收入的使用在投资与消费之间应保持一定的函数或比例关系

国民收入 Y 在使用上，有两项用途，一部分用于投资，另一部分用于消费，这一内部结构决定着未来时期供给和需求关系的发展变化。这是由于产出（供给）是投资的函数，是由投资决定的；而需求最终取决于消费，是消费的函数，投资需求是消费的派生需求。当期投资 I 决定着以后时期的消费品产出 C，存在函数关系 $C_i = f(I_0)$，由于每一期都存在这样的函数关系，因此从一个长时期看当期 C 与 I 之间也会存在一定函数关系 $C = \varphi(I)$。如果投资与消费没有保持内在应有的合理比例，则即使当前供求平衡，但经过几轮再生产运行后，投资对产出的持续影响和消费对需求的持续影响将使供求关系发生改变。

二、再生产运行的常态结果

社会再生产经过一段时间的运行后，经济会出现一些常态结果或一般倾向。

（一）在总量上，有效需求出现不足

凯恩斯主义认为，存在边际消费倾向递减规律，人们的消费随收入的增加而增加，但收入增量中用于消费增量的部分逐渐减少，收入越增加，消费在收入中的比重就越小，边际消费倾向递减引起有效需求不足。

科斯定理认为，在交易成本为零的条件下，产权的初始安排与资源配置结果无关，将实现帕累托最优。从科斯定理我们推论出：由于现实中交易成本不为零，因此资源配置结果与资源配置的初始状态存在相关性，且由于现实中资源初始配置不同、强弱对比不同及其他因素，容易形成收入差距扩大的情况。人们收入不同、存在差距是正常的、合理的，但如果社

会收入分配形成两极分化，缺乏中间收入阶层，则对社会总体上维持有效需求规模不利。低收入群体由于需求层次低，消费内容多为必需品，消费固化，灵活消费的空间十分有限，对经济的带动作用低；高收入群体一是边际消费倾向低，二是其对高端奢侈品的需求超过了本国生产技术能力和工艺水平，对本国而言损失了一部分有效需求。因此，收入差距过大将造成有效需求不足。

（二）在结构上，投资消费比将随着市场复苏和消费增加不断提高

随着销量增加、经济增长，国民收入的内部使用结构在发生变化，投资消费比将逐渐提高。一方面，投资在收入中占比不断增加。在增值动机的驱使下，人们会倾向于把收入更多地用于投资，劳动者的工资报酬、资本所有者的利润都会向投资更倾斜一些，以增加收益和回报，这使随着销量增加、经济增长，投资在收入中的比例逐渐提高。另一方面，消费在比例上具有被压缩可行性。消费量增加取决于人口数量增加和消费质量与层次提升两个方面，当今世界多数国家人口都比较稳定，通过增加人口数量来获得经济总量的做法也无法提高人均收入水平和富裕程度，不被多数国家的经济政策采用，而消费质量与层次的提升很大程度上取决于供给创新，依赖于供给对需求的创造力。因此，尽管消费总量仍然是增加的，但投资在收入中所占比重上升，消费在收入中所占比重下降。

综上，由于边际消费倾向递减的心理规律、再生产中收入差距逐渐加大引起的消费需求损失，增值动机引起的投资增长快于消费增长，使投资消费比具有随经济向好发展而不断提高的倾向。

投资消费比的提高，起先推动了经济增长，但超过内在合理比例继续提高会产生双重后果，一方面将导致消费需求不足；另一方面将导致供给增长过快，在未来某一时点出现供给过剩。分析过程如下：根据生产函数 $Y = f(A,\ L,\ K)$，假设 $Y_i = AL_i^{\alpha} K_i^{\beta}$，且一国劳动力基本稳定 $L_1 = L_0$，则

$Y_0 = AL_0^{\alpha} K_0^{\beta}$，$Y_1 = AL_1^{\alpha} K_1^{\beta} = AL_0^{\alpha}(K_0 + \Delta K)^{\beta}$，$\Delta K = I$，有 $\dfrac{Y_1}{Y_0} = \left(1 + \dfrac{I}{K_0}\right)^{\beta}$，$Y_1 =$

$Y_0\left(1+\dfrac{I}{K_0}\right)^{\beta}$，$Y_1 = f(I)$。可见，在给定 Y_0、K_0 的情况下，产出很大程度上取决于投资增加。投资消费比的提高，将推动产出增大、供给持续增加，起初推动经济进入繁荣阶段；然后投资消费比继续提高造成的消费需求占比下降，与投资增加造成的供给增加形成矛盾并经过多次再生产加剧，矛盾集中爆发的时刻形成经济周期性振荡波动；最后经济周期消耗掉原有投资消费比不断提高形成的部分产能，使投资消费比重新回到合理水平，为下一期投资消费比提高和经济繁荣创造条件。

关于这一点，可以从数据中得到印证，本书对美国、日本、中国等一些典型国家自 1961 年以来至今的 GDP 增长速度与平均消费倾向数据进行研究，发现在经济上行期，投资消费比提高，平均消费倾向下降；在经济下行期，投资消费比下降，平均消费倾向提高（见图 10 – 1）。由平均消费倾向 $APC = C/Y = (\alpha + \beta Y)/Y = \alpha/Y + MPC$ 可知，其与边际消费倾向 MPC 同向变动。**因此，边际消费倾向递减规律是客观存在的，在经济周期运动中表现为：投资与经济增长速度同向变动，随收入的增加而更快增加，从而边际消费倾向随收入增加而递减，边际消费倾向波动与经济周期起伏呈现明显的负相关性。**

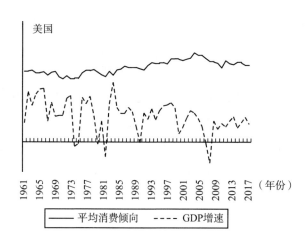

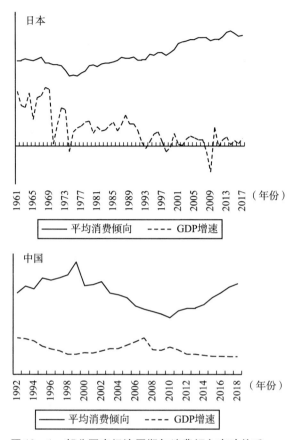

图 10 - 1　部分国家经济周期与消费倾向变动关系

数据来源：（1）GDP 年度增长率：快易数据，快易理财网，https：//www.kylc.com/stats/global/yearly_per_country/g_gdp_growth/usa.html。（2）平均消费倾向：美国数据来源于美国经济分析局。因来源于联合国数据库的美国相关数据仅有 1995 年以后数据，且两个数据来源对比后发现平均消费倾向的差距在 2 个百分点以内，故选择美国经济分析局的数据。日本 1961～1980 年数据来源于日本国家统计局，1980 年以后数据来源于联合国网站。经对比发现，联合国网站的平均消费倾向较日本国家统计局统计的数据高约 5 个百分点，因此，对 1980 年以前的来源于日本国家统计局的数据按照此比例进行调整。中国数据取自万德数据库。

　　综上，供给与需求的矛盾，是经济增长的根本动力；再生产运行条件与运行结果的矛盾，表明国家干预经济的必要性，其中投资与消费的矛盾使经济增长不是稳定直线地运行，而是随着矛盾积累与矛盾解决周期性地振荡前行。

第五节　经济增长模型

一、模型建立（公式表示的模型）

（一）供给函数

根据柯布—道格拉斯生产函数 $Y = AL^{\alpha}K^{\beta}$，考虑到当今时代一国劳动力基本稳定，假定在一定时期内劳动力数量保持不变，即 $L_i = L_0$（$i = 1$，2，$\cdots$，n），基期产出函数 $Y_0 = AL_0^{\alpha}K_0^{\beta}$，第 n 期产出函数 $Y_n = AL_n^{\alpha}K_n^{\beta} = AL_0^{\alpha}(K_0 + \sum\limits_{i=1}^{n} \Delta K_i)^{\beta}$，$\dfrac{Y_n}{Y_0} = \left(1 + \dfrac{\sum\limits_{i=1}^{n} \Delta K_i}{K_0}\right)^{\beta}$，有 $Y_n = Y_0\left(1 + \dfrac{\sum\limits_{i=1}^{n} \Delta K_i}{K_0}\right)^{\beta}$。可见，在给定 Y_0、K_0 的情况下，不考虑技术进步、人口素质提高使 A 发生改变的因素，有 $Y = f(I)$，产出在很大程度上取决于投入社会再生产的资本增加，是投资的函数，投资增长必然造成全社会最终产品的产出增长。

根据分析生产函数得出的产出与投资的关系，建立供给函数：

$$Y_S = A + BI \qquad (10.2)$$

其中：Y_S 为供给，I 为投资。A 表示初始供给量，即在不增加投资的情况下，厂商生产的全部最终产品产出；B 为系数，代表产出与投资之间的比例关系。

（二）需求函数

需求包括投资需求、消费需求、出口需求三部分。为简便起见，我们仅考察国内需求，在不考虑出口需求的情况下，全社会通过经济活动取得的收入，不论劳动力取得的工资报酬还是资本取得的利润，都用于两方面用途，一部分用于投资，另一部分用于购买消费品，满足消费需求，即国民收入用于投资和消费两个方面。建立需求函数：

$$Y_d = I + C \tag{10.3}$$

其中：Y_d 为需求，I 为投资，C 为消费。

（三）均衡条件

Y_S 与 Y_d 在多数情况下并不相等，二者在形成来源上是不同的：Y_S 是供给，是生产出的最终产品扣除自用品和净意愿存货而提供市场的部分，因此供给取决于生产量；Y_d 是需求，是需要与收入的"交集"，而制约需求的收入来自交易，只有成交产品才能实现为收入进而形成需求，因此需求取决于销售量。

当总供给与总需求相等时，商品出清，称之为均衡。

由 $Y_S = Y_d$ 有：

$$A + BI = I + C$$

得到：

$$I = \frac{C - A}{B - 1} \tag{10.4}$$

$$C = A + (B - 1)I \tag{10.5}$$

即在国民收入的使用中，投资 I 与消费 C 需要保持比例关系，总供给与总需求才能实现均衡。

当 $I > \dfrac{C - A}{B - 1}$ 时，即在国民收入使用中，用于投资的份额过多，或者说，投资消费比过高时，将使 $Y_S > Y_d$，表明实际经济增长超过均衡增长，出现供过于求，形成潜在的衰退风险。

当 $I < \dfrac{C - A}{B - 1}$ 时，即在国民收入使用中，用于消费的份额过多，或者说，投资消费比不足时，将使 $Y_S < Y_d$，说明实际经济增长没有达到均衡增长，出现供不应求，需增加投资复苏经济。

当然，这并不是说投资与消费要严格保持比例，事实上，由于现实经济具有一定的供求吸纳能力，从而使经济具有一定的承受能力，只有当投资消费比超出一定范围（本书命名为"容忍度"，以 ζ 表示，通常与一国经济总量有关，为经济总量的微小百分比）时，经济系统的供求调节机制才会被触发做出反应。因此考虑容忍度的均衡增长条件为：

$$-\zeta \leqslant I - \frac{C-A}{B-1} \leqslant \zeta \qquad (10.6)$$

或

$$-\zeta \leqslant C - [A + (B-1)I] \leqslant \zeta \qquad (10.7)$$

二、图形分析（图形表示的模型）

经济增长的运行机制如图 10 - 2 所示。

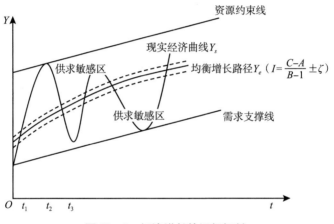

图 10 - 2 经济增长的运行机制

经济自 O 点启动，在增值动机的驱动下，尽管用于满足消费需求的绝对量还会增加，但人们会倾向于随收入增加把越来越多的比例用于投资（无论劳动者工资收入还是厂商利润收入），国民收入 NI 中用于投资的收入增长快于用于消费的收入增长，使全社会投资消费比随再生产活动不断提高，投资的增长使产出和供给不断增加。在 t_1 期，投资消费比达到使总供给等于总需求的均衡状态，但是，并没有因素使投资消费比停止，投资消费比在增值动机的驱动下继续提高，投资继续增加导致的供给增加使经济离开均衡点进入供求敏感区，市场经济的供求价格机制开始发挥调节作用，价格会下降，这时，大众可能会灵敏地做出反应也可能未及时做出反应，假定在本轮中大众反应并不灵敏，则投资消费比和供给继续增长。到 t_2 期，经济达到资源约束线，一是可能受到收入资源约束，即有效需求受到国民收入约束无法支撑经济进一步增长，导致商品价格大幅下降；二是可能受到要素材料资源约束，即现有条件的生产要素及原材料、能源数量无法继续支撑生产扩大，出现能源价格大幅上涨，经济下行，一些厂商在此市场环境被淘汰，相对于需求的过剩产能被消灭，投资消费比也下降到低水平。到 t_3 期，经济达到需求支撑线，受需求的支撑，经济不再下降并开始复苏，投资消费比重新开始上升。当然，并非每次波动都会触碰资源约束线和需求支撑线，当大众普遍对价格反应灵敏时，市场的调节机制就更灵敏些，在未达极限时就向相反方向折返，这是市场经济初期经济周期的振幅较大，成熟后振幅较小的原因。

综上，大众的增值动机使国民收入中的投资消费比具有提高倾向，投资消费比的提高改变着供求对比态势，当经济背离均衡时，由于供求价格机制存在使经济向相反方向运动但并无使其停留在均衡点的机制，从而使现实经济运行的路径呈现出围绕均衡增长路径，在资源约束线与需求支撑线之间波动前行的姿态。

第六节　经济运行的方向性与均衡稳定性

一、经济运行具有自动增长性

根据本章前述对经济增长影响因素的分析以及经济增长模型，可以看出，经济系统中包含的内在因素及其机制，使经济在没有人为干预情况下能够自动地增长。

（一）需求方面

人们的需求是永无止境的。按照马斯洛需求层次理论，低层次需求满足后将产生高层次需求，需求是一个不断满足与产生的过程。即便是同一层次的需求，也存在着产品的消耗与更新、产品质量不断提升的空间。需求即市场，市场的无限广阔空间为经济增长提供着不竭动力。

（二）供给方面

社会资本的不断积累直接造成产出和供给增长，使社会生产的财富以不可改变的态势增加；技术进步使投入产出效率不断提高，并使人类社会的生产活动逐渐摆脱着对自然资源的依赖；人口素质的提高，是资本、技术与管理的源泉，更是承载和传递知识、技术、体制、理念的无形载体，提供着经济文明的韧性与自我修复能力。

（三）动机方面

人们的增值动机，促使供给去适应和满足社会需求。

以上这些方面，都是推动经济增长的内在力量，因此，经济在没有外力干预的条件下具有自动增长的机制。

二、经济运行具有区间收敛性、有限均衡性

主流经济学的均衡，是指供求达到一种稳定的静止状态，或一旦经济运行背离均衡点，能够自动向均衡点移动回到均衡的状态。

（一）"区间收敛"

从主流经济学对均衡的定义可以看出，其与数学中的函数收敛十分相似。在数学中，我们将函数区分为收敛和发散两种。所谓收敛，是指 $\lim\limits_{x \to +\infty} f(x) = A$，即函数 $y = f(x)$ 趋向于一个固定常数；所谓发散，是指

$\lim\limits_{x\to+\infty} f(x)$ 不存在。

按照数学上对函数敛散性的这一判定标准，从本章前述经济增长模型可以看出，经济增长不符合收敛特征。然而，在发散函数中，$y=x^3$ 这类函数与 $y=\sin x$ 这类函数在形态上显然是不同的，$\lim\limits_{x\to+\infty} x^3 = +\infty$，而 $y=\sin x \leq |1|$ 振荡无极限。

为了满足经济学研究的需要，我们创造一个新的数学概念："区间收敛"，并定义：若函数 $y=f(x)$ 满足 $A\leq \lim\limits_{x\to+\infty} f(x) \leq B$，则称 $y=f(x)$ 为区间收敛。

在本章前述经济增长模型中，经济运行曲线 Y_s 满足 $Y_e+A\leq \lim\limits_{x\to+\infty} Y_s \leq Y_e+B$（其中：$A$ 为负数、B 为正数），或记作 $A\leq \lim\limits_{x\to+\infty} Y_s - Y_e \leq B$，进一步设 $\dot{Y}$ 为增长速度，$\dot{Y}=\dfrac{\Delta Y}{Y}$，有 $a\leq \lim\limits_{x\to+\infty} \dot{Y} \leq b$，因此经济运行属于"区间收敛"，即经济增长并不收敛于一个点，其波动增长路径收敛于一个区间。

（二）有限均衡

由于"区间收敛"是本书的定义而非数学上严格意义的收敛，既非像数学中收敛于一个点那样绝对均衡（这是由于经济运行背离均衡后供求价格机制有向相反方向纠正但无使其停留在均衡点的机制），也非无边界发散（这是由于资源约束和需求支撑的存在），故可认为经济运行具有一定程度的均衡机制，我们称之为区间均衡性或有限均衡性。

三、经济增长的路径

综上，经济运行的一般状态是，在需求引导和投资推动下产出不断增长，在供求价格机制的调节和资源约束、需求支撑的限定区域内，围绕均衡增长路径上下波动前行。

当然，在发生战争和重大自然灾害等特殊情况时，资源约束、需求支撑会被改变，因此经济运行波动区间的位置和带宽会移动改变。

第七节 经 济 周 期

一、经济周期的概念与阶段

经济周期又称商业循环，是指经济活动沿着经济发展的总体趋势所经历的有规律的扩张和收缩。

经济周期通常包含四个阶段：繁荣、衰退、萧条、复苏。繁荣阶段，是经济周期中的鼎盛阶段，市场交易活跃，经济增长速度快；衰退阶段，供过于求，交易量减少，价格下降，经济增长速度下降；萧条阶段，是经济周期中的低谷阶段，市场交易低迷，经济增长速度慢；复苏阶段，需求回暖，交易量增加，价格上升，经济增长速度上升。

二、经济周期的形成原因

经济周期形成的主要原因，在于本章前述投资与消费在再生产运动过程中产生的矛盾。矛盾形成、积累和周期性释放的过程为一次经济周期波动。

如本章前述经济增长模型描述，由于交易动机、预防动机、投机动机三大动机造成边际消费倾向递减，使有效需求不足；由于收入分配差距逐渐拉大，高收入群体边际消费倾向低，且其对高端奢侈品的需求超过了本国生产技术能力和工艺水平，对本国而言损失了一部分有效需求；由于增值动机，随着国民收入提高，用于投资的份额会增加，投资消费比会不断提高。以上内在于经济运行的投资与消费的矛盾，使投资消费比的提高推动产出增加快于需求增加，供求矛盾在经过多次再生产过程被加剧，直到供过于求的程度触发市场调节机制，危机爆发。续而，价格下降、经济下滑形成衰退阶段和萧条阶段，产能与需求的矛盾释放后经济进入下一轮周期，投资增加推动产出增加形成复苏阶段和繁荣阶段，周而复始运行。

此外影响经济周期的因素还包括：政治周期（选举因素）、战争、重大自然灾害、货币供应量的膨胀与收缩、技术创新周期等。

在上述造成经济周期的原因中，主要原因是投资消费比的变化，这是由于投资消费比不断提高又回落的变化直接导致了供给与需求对比的变化。其他因素偶发或起叠加作用。

三、经济周期的波动幅度

经济周期的波动幅度取决于资源约束、需求支撑、大众对价格等市场信号反应的灵敏度三大因素。

资源匮乏的国家，波动频繁但波幅不深；资源丰富的国家，波动不频繁但波幅较深。

人民普遍富裕且均等化程度较高的国家，有效需求总体水平较高，波幅小于贫穷且分配差距大、有效需求总体水平较低的国家。

当大众普遍对价格反应灵敏时，市场的调节机制就更灵敏些，经济在未触碰到资源约束线时就向相反方向折返，经济周期的波动幅度较小；反之，当大众普遍对价格反应不灵敏时，经济周期的波动幅度较大。

四、经济周期的客观作用

多数人都厌恶经济周期波动，然而经济周期作为经济机制发挥作用产生的一种客观现象，有其自身的客观作用。

在经济上升的复苏和繁荣阶段，需求旺盛，促进了经济在量上的扩张，且由于市场环境宽松，许多小企业都是在这一时期加入市场的，给经济注入了新的活力；在经济收缩的衰退和萧条阶段，需求低迷，供求矛盾突出的状况挤压淘汰了经济系统的落后产能，提升了经济的质量。正是通过周期波动，经济交替实现着量上的扩张与质上的提升而发展。

五、国家反周期调控政策的必要性与代价

由于本书在后面安排有专门论述国家干预经济的章节，因此在这里不做展开，仅针对经济运行的周期性特质，说明国家反周期调控政策的必要性与代价。

反周期调控政策是国家干预经济的重要组成部分，又称逆周期政策、相机抉择，是根据经济运行态势和阶段，采取财政政策、货币政策等抵消周期的措施，旨在改变市场供求关系，熨平经济波动。反周期调控政策的主要工具是财政政策和货币政策，直接目的是改变供求对比，最终目的是平抑周期波动，实现经济平稳运行。

然而，通过本章的分析我们了解到，经济周期性波动是经济运行的客观规律，且经济具有一定程度的自我调节功能，虽然无法使之完全运行在均衡路径上，但也不会沿着背离均衡路径的方向越走越远，能使经济在总体上围绕均衡增长路径波动前行。通过本章分析我们还了解到，经济周期还具有其客观作用，周期性的扩张与收缩交替推动着数量增长与质量提升。那么如此一来，国家的反周期调控政策对经济周期的人为干预是否有必要呢？本书认为，有必要，因为完全依靠经济系统的自行调整，周期性消灭过剩产能，将造成社会资源的浪费，而在经济系统的自动调节机制被触发之前先行适度人为干预，能够在一定程度上减少资源浪费。但是本书同时认为，这种人为干预的代价也是不小的。由于反周期调控政策在经济"过冷"期扩张需求，在"过热"期柔和调控需求，相比原先经济系统自动调节，经济环境要宽松柔和，给予生产者的压力、对过剩产能的挤压力度不够，对经济质量的提升作用弱化，因此损失了部分经济质量。综上，本书认为采用反周期调控政策有其必要性，但需谨慎使用，掌握好频度和力度，除非经济运行已出现严重供求失衡，积累了大量风险因素，否则不要轻易使用，更不可经常性使用。

第八节　经济起飞的发动条件

在本章第三节我们已对市场经济中影响增长的普遍性因素进行了分析。事实上，传统经济国家要启动发展开端、实现经济起飞，也需要具备一些本质上相似的因素作为条件。这些条件包括：广阔的市场需求、低廉的生产成本、一定数量的资本积累、现代形式的开发者（企业），四大条件缺一不可。简言之，开发者（企业）能够获得相对较高的收益并具备开发能力。

一、广阔的市场需求

生产的产品需要有潜在庞大的销售量。销售量需要有效需求的支撑，而在这个起始阶段，因经济尚未得到发展，国民收入处于较低水平，往往有效需求不足，因此在起飞阶段可以依赖外部（国外）需求。

二、低廉的成本

低廉的成本包括：廉价的劳动，一定数量尚未被开发利用的原材料、能源等自然资源。

三、一定数量的资本积累

只有具备一定数量的资本，才能进行投资，组织现代生产。根据罗斯托的研究，一国要实现经济起飞，需要一定的积累率作为条件，积累占国民收入的比重应达到10％以上。

四、现代形式的开发者（企业）

现代形式的开发者（企业）应至少具备以下特征：追求盈利、自负盈亏、自主投资决策、内部架构基本符合现代企业特征。这样的企业才能受市场信号的引导，并有助于市场体制的形成。

此外，国家投资建设基础设施，制定维护竞争秩序的法律法规等，也有助于经济起飞。国家投资改善基础设施有助于降低生产和运输成本，提高开发者（企业）的收益预期；制定保护竞争的法律法规有助于维护市场秩序，保障持久良性运行。

那么，在经济起飞阶段保持较高的储蓄率是否会引发经济周期呢？或者，经济起飞阶段需要较高储蓄率与前述投资消费比持续提高造成经济波动是否存在矛盾呢？并不矛盾。因为投资消费比持续提高造成经济周期波动是市场经济一般条件下的经济运行规律，而在经济起飞阶段，一方面有广阔的市场需求；另一方面，资本刚刚开始积累，社会资本总量和相应的社会供给能力有限，存在广阔的资本积累空间。综合两方面可知，不足以迅速形成供过于求局面。

综上，发展中国家的第一次飞跃，即从传统经济国家、低收入国家向现代经济国家、中等收入国家迈出步伐，必须积累一定数量的资本和劳动力，保护市场主体的独立自主、分散决策，初步建立市场经济体制。

第九节　人均经济增长问题：中等收入陷阱

一、中等收入陷阱的概念与由来

（一）中等收入陷阱的定义

中等收入陷阱（middle income trap），是指世界上不少国家随着经济发展，当人均国民收入达到中等水平时，人均国民收入出现长期停滞徘徊，很难继续向上增长的现象。

（二）中等收入陷阱概念的由来

中等收入陷阱最早由世界银行提出。2007 年世界银行在《东亚复兴：关于经济增长的观点》主题报告中指出："很少有中等收入的经济体成功地跻身为高收入国家，这些国家往往陷入经济增长的停滞期，既无法在工资方面与低收入国家竞争，又无法在尖端技术研制方面与富裕国家竞争。"首次使用了中等收入陷阱的概念。

（三）中等收入陷阱问题现状

对中等收入陷阱的成因和解决对策，人们众说纷纭，莫衷一是。目前，中等收入陷阱问题不但没有消除，而且陷入中等收入陷阱的国家不在少数：马来西亚 1980 年人均 GDP 为 1812 美元，达到中等偏上收入水平，而到 2019 年人均 GDP 为 11136 美元，接近世界平均水平，依然处于中等收入水平国家。墨西哥 1973 年人均 GDP 达到了 1000 美元，在当时属于中等偏上收入国家，而 2019 年其人均 GDP 也才达到 10118 美元，世界排名第 64 位，接近但尚未达到世界平均水平。阿根廷则在 1964 年时人均国内生产总值就超过 1000 美元，进入中等收入国家，金融危机后一度严重下降，后又回升，但 2019 年人均 GDP 仍仅为 9887 美元。[①] 此类国家还有很多，经过四五十年不断努力，其间也有反复，但始终没能跨越人均 GDP 1.25 万美元（世界银行 2020 年标准）的门槛，进入高收入国家行列，剔除通货膨胀因素，经济发展没有实质性突破。

---

① 薛敏. 跨越中等收入陷阱与乡村振兴的互动关系［J］. 西北农林科技大学学报（社会科学版），2022（22）：45－51.

二、中等收入陷阱的数学含义与特征

（一）中等收入陷阱是人均国民收入相对不变的状态

中等收入陷阱中的人均国民收入可表示为 $\overline{Y} = \dfrac{Y}{L} = C$，其中：$\overline{Y}$ 为人均国民收入，Y 为一国经济总量，L 为该国人口或劳动力数量，C 为常数。

图 10 – 3 中，纵轴 $\overline{Y}$ 为一国的人均国民收入或人均产出，具体指标通常为人均 GDP，横轴 t 为时间。图 10 – 3 反映了人均国民收入（人均产出）与时间的关系。

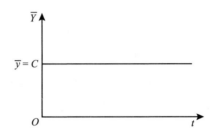

图 10 – 3　中等收入陷阱的特征——人均国民收入模型

从图 10 – 3 可以看出，在中等收入陷阱中，该国人均国民收入不随时间 t 的变化而变化，是一条平行于 x 轴的直线，表现为常量，$\overline{Y} = C$，$\overline{Y}' = 0$。

（二）中等收入陷阱不能简单理解为一国经济停滞不前

假设一国基期人口数量为 L_0，报告期人口数量为 L_1，则 $L_1 = \lambda L_0$，根据 $\dfrac{Y_1}{L_1} = \dfrac{\lambda Y_0}{\lambda L_0} = C$，有 $Y_1 = \lambda Y_0$，即 $\dfrac{Y_1}{Y_0} = \lambda$，可知该国经济实现了增长且增长率为 λ。因此，中等收入陷阱的真实含义是一国经济增长速度保持着与人口增长几乎同步的速度，其经济增长高度依赖于人口增长。

图 10 – 4 中，纵轴 Y 为一国的国民收入或产出，具体指标通常为

GDP，横轴 L 为人口数量，图 10-4 反映了一国的国民收入（产出）与人口的关系。

从图 10-4 可知，在中等收入陷阱中，国民收入总量 Y 与 L 保持着同样的增长速度，若 L 的增长速度为 λ，则 Y 的增长速度也为 λ。也正由于此，为使经济保持一定的增长速度，一些国家采取了人口增长政策。

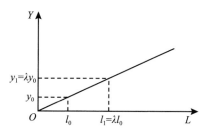

图 10-4 中等收入陷阱的特征——国民收入总量与人口关系模型

由于中等收入陷阱国家的国民收入与人口保持着密切的比例关系，随人口增长而增长，因此其国民收入（产出）是一条向右上方倾斜的直线，表示为 $Y=CL$，有 $Y'_L=\dfrac{\Delta Y}{\Delta L}=C$，国民收入函数的斜率为 C。

三、中等收入陷阱的成因与类型

对中等收入陷阱进行成因分析，是认识和走出中等收入陷阱的关键所在。以往对中等收入陷阱的考察结论主要集中在制度方面，这说明对中等收入陷阱的考察侧重于供给一侧。事实上，我们有必要对经济运行进行全面考察。从经济的供给侧、需求侧以及国家的社会经济政策层面加以考察，其成因比较复杂，许多因素都会导致国民经济在一段时间内陷入中等收入陷阱，中等收入陷阱大致可分为动力不足型、需求不足型、人口政策型和封闭型 4 种。

（一）动力不足型中等收入陷阱

从供给侧看，经济运行是多种要素共同发挥作用的结果，生产要素提供着经济增长的动力。根据柯布—道格拉斯生产函数 $Y = AL^{\alpha}K^{\beta}$ 可知，经济增长的动力来自 L、K 以及 A，L 是人口或劳动力数量，K 是资本数量。对于 A，一般认为是科技进步。本书认为是综合因素，是包括科技、人口素质、市场环境和制度等一系列因素的复合，它主要决定着产出效率。

通过上述因素分析可知，造成国民收入 Y 高度依赖于人口和劳动力数量 L，使一国陷入中等收入陷阱，在增长动力上具体分为 4 种情况：（1）科技进步缓慢或停滞；（2）该国总体劳动力素质较低；（3）该国经济体制不完善，存在阻碍产出效率的因素；（4）该国存在过度消费，对投资产生了挤出效应，资本积累从而资本存量不足，抵消了科技进步和体制优化带来的效率。

（二）需求不足型中等收入陷阱

经济是一个系统，产出效率再高、产品再尖端，也必须有充分的社会有效需求才能得到价值实现，社会再生产才能运转下去。有效需求为生产提供着本源动力和归宿。有效需求是人们购买欲望与收入叠加而成的购买力，一国国民的收入必须集中在由该国普遍技术水平决定的产品附近，才能为本国生产提供支撑。因此，由于需求不足使一国陷入中等收入陷阱的情况主要有：（1）国民收入分配两极分化严重，中等收入阶层弱小，不足以为本国生产提供相应支撑；（2）在国家和个人的分配关系中，国家对国民收入的集中使用比例过高，对社会大众的购买力产生挤出效应，使有效需求小于产出。可见，市场经济本质上是人民的经济，政府包办代替是搞不好市场经济的。

（三）人口政策型中等收入陷阱

有些国家为了获得经济快速增长和经济体量迅速增大，实行鼓励生育的人口政策，通过人口要素数量的增加推动经济发展。这些政策通常发生在实行赶超战略的发展中国家。这种以人口扩张维持经济增长速度的政策，一方面，使得国民收入（产出）与人口保持着极为紧密的关系，包含着极大的中等收入陷阱因素；另一方面，由于教师、学校、资金等教育资源的有限性、渐进积累性，在人口过快增长的同时国民教育和科技水平不能相应跟上，国民素质的停滞使人均国民收入停滞，中等收入陷阱几乎成为必然。

1974 年阿根廷的经济总量仅为 724 亿美元，1974 年和 1977 年阿根廷颁布了两个鼓励人口生育的法令，规定人工流产非法，禁止绝育，国家对结婚生育和收养都提供津贴，对幼儿按月发放补助。阿根廷人口由 1974 年的 2546 万人增加到 2019 年的 4495 万人，有了人口劳动力，阿根廷的经济总量增至 2019 年的 4487.83 亿美元。同样的，1985 年至 2019 年，越南人口由 6089.67 万人增加到 9620.90 万人，经济总量由 140.95 亿美元增至 2600 亿美元；1985 年至 2019 年，墨西哥人口由 7598.35 万人增加到 12757.55 万人，经济总量由 1952.20 亿美元增至 12582.87 亿美元……①从这个角度讲，一些国家的中等收入陷阱实际上是国家为了保持一定经济增长速度或追求经济体量而实施人口政策的结果。可见，我国计划生育政策"控制人口数量、提高人口质量"的基本原则对避免国家陷入中等收入陷阱发挥了重要作用。

（四）封闭型中等收入陷阱

经济发展的历史，是经济不断跨越自身疆界、走向更广阔空间的历程。从早期局限于某一村落的农耕，到城邦经济的发展，到国家范围统一大市场的形成，再到生产力的全球化，既是发展的需要，也是无法阻挡的必然趋势。对于任何一个国家而言，全球化意味着对外开放。假设一国在某一专业制造领域获得了突破，其产品在国际具有比较优势，但本国需求必定有限，要获得更高的增加值，必然要面向海外市场开放生产和销售。

---

① 薛敏. 跨越中等收入陷阱与乡村振兴的互动关系［J］. 西北农林科技大学学报（社会科学版），2022（22）：45 - 51.

荷兰是 45 纳米以下光刻机的主要生产国，但其国内对光刻机的需求毕竟有限，很难想象如果不对外开放，该国人均 5.2 万美元（2020 年）的高额国民收入能够如何获得。事实上，任何一个国家从发展中国家成为发达国家，必然伴随着对外开放的提高和参与国际分工的深入。我们注意到，一些陷入中等收入陷阱的国家，如马来西亚在金融保险、电信、渔业、律师、建筑等行业，对外开放程度低，壁垒多，在其发展历程中，由于对外开放没有跟上，参与全球分工不够，一直主要依靠国内市场，获得的增加值必然有限，没能实现增加值来源和数量的飞跃，最终被困，徘徊于中等收入陷阱。

四、摆脱中等收入陷阱的条件和治理路径

（一）摆脱中等收入陷阱的条件

若要跃出中等收入陷阱向高收入国家发展，需要改变中等收入国家人均 GDP 基本不变的局面，使人均 GDP 呈现增长趋势，人均 GDP 不再是常数，而成为一条向右上方发展的斜线，斜率为正（见图 10 - 5）。

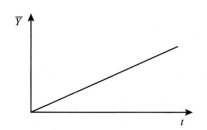

图 10 - 5　摆脱中等收入陷阱的人均国民收入模型

由于图 10 - 5 中 $\overline{Y}'_t > 0$，故一国国民收入（产出）总量与人口数量的关系为加速度关系，如图 10 - 6 所示。

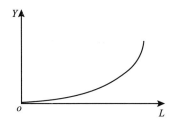

图 10 - 6　摆脱中等收入陷阱的国民经济总量与人口数量模型

即该国收入（产出）的增长必须快于人口或劳动力的增长速度。

可以证明，$\bar{Y}'_t > 0 \Leftrightarrow \dfrac{\Delta Y}{Y} > \dfrac{\Delta L}{L}$，即人均收入（产出）斜率大于 0 等价于

收入增长速度快于人口劳动力增长速度。由于 $\bar{Y} = \dfrac{Y}{L}$，求全微分得到 $\mathrm{d}\bar{Y} =$

$\dfrac{\mathrm{d}Y}{L} - \dfrac{Y\mathrm{d}L}{L^2}$，两边同除以 $\bar{Y}$ 得：$\dfrac{\mathrm{d}\bar{Y}}{\bar{Y}} = \dfrac{\mathrm{d}Y}{Y} - \dfrac{\mathrm{d}L}{L}$，当 $\dfrac{\mathrm{d}\bar{Y}}{\bar{Y}} > 0$ 时，$\dfrac{\mathrm{d}Y}{Y} > \dfrac{\mathrm{d}L}{L}$。

若要跨越中等收入陷阱，从发展中国家跻身发达国家、高收入国家行列，需要在中等收入阶段使收入增长速度快于人口劳动力增长速度。

（二）中等收入陷阱的治理路径

要使收入增长速度快于人口劳动力增长速度，必须使经济增长获得人口劳动力增长之外的额外推动力。

根据前述对中等收入陷阱的成因与类型分析，跨越中等收入陷阱的措施主要有以下方面。（1）推动科技进步。包括：为科技创新创造软环境；加大对基础科研的投入力度；鼓励科研单位办企业，密切产学研联系；健全科研成果评价机制，在专业评价同时引入社会评价，使颠覆性创新成果脱颖而出等。（2）提高国民素质。国民受教育程度的提高是一个国家科技得以持续进步、产出效率得以逐步提升的根本。"十年树木，百年树人"，教育的规律决定了提高国民素质不能急功近利，而要久久为功。包括：根据当今科技和生产对劳动者素质的要求，将高中阶段纳入强制义务教育范畴；在国民中全面普及高等教育，大力发展院校正规教育，对自愿参加业余教育的劳动者实施补贴政策，使人民广泛接受高等教育；加强普通高校

在国家各项政策制定中的话语权；制定鼓励从教政策；营造尊重知识、崇尚科学的文化氛围等。（3）控制人口数量。避免人口过快增长摊薄人均GDP而陷入中等收入陷阱，更要防止人口数量增长遇到教育资源短期内难以大幅增加的瓶颈，造成人口素质下降的重大风险。（4）优化收入分配。一是壮大中产阶级，逐步形成两头小、中间大的收入分配格局，为本国生产提供需求支撑；二是处理好国家、企业、个人三者分配关系。市场经济的本质是人民的经济，将国家对社会资源的集中度控制在有限幅度之内，将收入更多地留给企业和个人以发展投资和消费，促进再生产运转。（5）深化市场经济体制改革。通过消除要素流动壁垒，破除行政性垄断，提高要素产出效率，使同样的要素投入量获得更多更有效率的产出。（6）坚持对外开放。适应全球化趋势，不断扩大对外开放，坚持互利互惠，合作共赢，积极参与国际经济分工，发挥本国比较优势，使本国优势产业获得更广阔的市场和增加值，从而实现更高的国民收入和人均国民收入水平，提升产出效率。

综上，发展中国家的第二次飞跃，即中等收入国家跨越中等收入陷阱进入发达国家，必须使产出增长速度快于人口增长速度，本质上是从以增加人口劳动力数量和资本数量为动力的经济增长，实现向以提高国民受教育程度、增强人力资本、完善市场体制为动力的经济增长的飞跃。

第十节　本 章 小 结

本章回答的主要问题：（1）经济会自动地增长吗？（2）经济增长的形态是怎样的？（3）经济增长中的波动是必然吗，其来源和机制是怎样的？（4）经济增长具有自动均衡性吗，一旦偏离均衡路径，是会加速偏离还是会回归？（5）经济周期是不利的吗，既然经济自身有自动调整机制为什么还要人为干预，反周期调控政策有无必要？（6）经济起飞需要具备哪些条件？中等收入陷阱是怎样形成的，如何才能跨越它实现经济高飞？

本章在分析经济增长影响因素、社会再生产运行条件与运行结果矛盾的基础上得出：（1）经济会自动地增长，这是由需求的无限潜力、投资推动供给增长、增值动机决定的。（2）经济运行的形态是，在需求引导和投资推动下产出不断增长，在供求价格机制的调节和资源约束、需求支撑的限定区域内，围绕均衡增长路径上下波动前行。（3）经济增长的波动来源于再生产运行条件与运行结果之间的矛盾，投资消费比不断提高是矛盾的重要来源，矛盾形成、积累和周期性释放造成经济周期性波动。（4）经济增长并非完全意义上的收敛，也并非完全意义上的发散，而是"区间收敛"。经济运行背离均衡后存在向相反方向调节机制，但并无使之停留在均衡点的机制，因此经济增长具有有限的均衡机制和相对的稳定性。（5）经济周期具有交替推进经济数量增长与质量提升的重要作用，反周期调控政策既有其必要性又要付出牺牲部分经济质量的代价，因此不可常态化地频繁使用。（6）跨越中等收入陷阱必须使收入增长快于人口增长，因此必须控制人口数量提高人口质量，谋求经济质量的飞跃。

本章的理论和实践贡献在于：（1）构建了新的国民收入决定公式和经济增长模型，建立了投资与消费的动态关系，更能解释经济运行现实。以往的经济理论，凯恩斯的国民收入决定模型，作为典型的总量研究，将均衡理解刻画为国民收入的某一数值，侧重于测算寻求该均衡点，将国民收入的决定归于外生变量（利率），忽视了更重要的国民收入内在比例关系、内部均衡要求的研究；哈罗德—多马增长模型得出的经济加速背离均衡的结论与现实不符；索洛增长模型（新古典增长模型）得出经济自动向均衡点回归的结论，也不完全符合经济现实，且关于储蓄率固定不变、规模报酬不变的假设与现实不符；另有一些经济增长理论不再使用数学模型。（2）提出了"区间收敛"概念，用于研究经济增长与波动，描述经济运行类似函数振荡无极限的"有限均衡"状态。（3）对经济周期的利与弊做出了正反评价，对反周期调控政策提出了非必要不采用的建议。（4）依据成因对中等收入陷阱做出分类，得出跨越中等收入陷阱唯有使收入增长快于人口增长，根本上提高人口素质和经济质量的结论。

第十一章　经济稳定理论

第一节　经济系统中的稳定机制

在第六章中，我们阐述了微观经济活动中供求价格机制和竞争机制包含一定程度的稳定功能。对于宏观经济运行而言，市场经济这两个基本机制对经济稳定也具有一定程度的作用。

一、供求价格机制内含一定程度的稳定功能

供求价格机制是以需求为导向，以价格为手段的机制。一方面，供求价格机制具有内在的自动稳定经济功能，当供给与需求的差额达到一定程度时，价格变动将使供给和需求各自产生折返力量；但是另一方面，该功能是有限的，因为它虽然具有使供求向相反方向运动的机制，却没有使经济停止在供求平衡点不再继续运动的机制，供求会穿过平衡点继续运动，直至偏离幅度再次形成一个折返力，故实际经济增长围绕均衡增长路径波动，形成有限稳定性。

二、以竞争为特征的市场经济基本制度内含一定程度的稳定功能

竞争是市场经济制度最本质的特征。竞争机制包含着优胜劣汰、开放

市场、自由流动、分散决策等丰富深刻的内涵，是供求价格机制正常发挥作用、资源得以有效配置的根本。一方面，优胜劣汰、能力为先的机制是经济增长的发动机、社会活力的源泉，当然这也不可避免地带来非稳定因素；另一方面，要素自由流动、平等开放市场、独立分散决策的制度，使不断有其他行业、其他地区的新资本、新力量进入市场形成竞争，纠正可能形成的垄断，一定程度上维系着市场均势状态，有利于平衡稳定。

综上所述，市场经济制度同时包含着发挥活力与实现调整两方面的机制，兼顾了发展与稳定两方面的要求；它实现的稳定，不是静态的、绝对的稳定，而是动态的、有限的稳定，使经济运行既不会沿着偏离均衡的道路越走越远，也不会始终行驶在缺失活力的僵化均衡之路上。市场经济是人类社会迄今为止最契合自然的经济模式，正因如此，它比任何人工设计的制度都要精密。诚然它的自我调整一定程度造成社会资源浪费，但人为干预特别是违背规律的错误干预需要付出的潜在成本更大。然而，国家干预经济确是十分必要的，这是因为市场经济的自我调整有时会超出人的承受能力，不会考虑人道主义的要求，所以需要国家平抑振荡，柔化调整，维护稳定。

第二节 就业与失业

一、人的双重属性

人具有双重属性，既是生产者又是消费者。生产者属性，是指人创造财富、形成供给；消费者属性，是指人消费产品、形成需求。当就业人口比较充分时，作为整体的人，生产者属性就会超过消费者属性；当就业不充分时，人口的消费者属性就会凸显出来。因此，稳定就业，保持就业人口在比较充分的规模比例，对于经济的持续发展、国家和社会的稳定具有十分重要的作用。重视就业，根源在此。保持就业稳定、防止出现大规模失业是经济运行管理追求的目标之一。

二、就业与失业的定义与度量

就业是指有劳动能力且要求劳动的人，在一定职业上从事相应工作的状态。

失业是指有劳动能力且在寻找工作的人，还没有职业，尚未获得工作岗位的状态。从定义可以看出，因失去劳动能力而无法就业者、不愿从事劳动的意愿不就业者，不属于失业人口范围。

衡量失业的主要指标是失业率。失业率是失业人口占满足全部就业条件的人口（劳动适龄人口中扣除无劳动能力者、不愿就业者）的比例。

三、失业的形成原因及主要反映的经济矛盾

失业作为一种经济现象，是由多种原因造成的。

（一）自愿失业与非自愿失业

根据意愿就业与否，分为自愿失业与非自愿失业。

自愿失业是指不愿接受现行的工作条件和收入水平而未被雇用的现象。

非自愿失业是指有劳动能力、愿意接受现行工资水平但仍然找不到工作的现象。

根据前述对失业的定义，自愿失业不属于失业统计范畴，经济学中的失业仅指非自愿失业。

（二）摩擦性失业、结构性失业和周期性失业

非自愿失业可分为摩擦性失业、结构性失业和周期性失业。

摩擦性失业是指由于转换职业等原因而造成的暂时性失业，具有过渡性、短期性特点。由于劳动力市场信息不对称，厂商找到所需雇员和劳动者找到合适工作都需要花费一定的时间，因此在劳动者辞去旧工作之后、

找到新工作之前会有一个间歇期，属于求职过渡。这种失业存在属于正常现象。

结构性失业是指劳动者的供给和需求不匹配所造成的失业，其特点是失业与职位空缺同时存在，失业者或者没有合适的技能，或者居住地点不当，因此无法填补现有的职位空缺。造成结构性失业的原因主要有：技术变化。指原有劳动者不能适应新技术的要求。消费者偏好变化。指消费者对产品和劳务的偏好改变，使得某些行业扩大而另一些行业缩小。劳动力流动性不充分。劳动力转移到另一地域或行业需要付出生活成本、交通成本、学习成本、心理成本等。在市场经济体制不健全的国家则还存在行政性的地区壁垒和行业壁垒，阻碍劳动力自由流动。

周期性失业是指经济周期中的衰退和萧条阶段，总需求不足造成的失业。在衰退和萧条阶段，社会总需求不足，市场交易低迷，物价下降，因而厂商的生产规模也收缩，劳动力需求减少，从而出现较为普遍的失业现象。

失业率是经济运行的重要表象，堪称"晴雨表"。一般而言，失业率上升说明劳动力市场供过于求，其背后有可能是社会有效需求不足所致，提示经济可能进入衰退阶段；失业率下降说明劳动力市场需求上升，其背后有可能是社会有效需求增加，提示经济可能开始复苏。对于尚处在市场经济建设时期、市场经济制度不健全的国家，行业和地区行政性壁垒阻碍劳动力流动可能会使结构性失业较严重，如果失业率长期偏高还应检查和消除行政性壁垒。

四、充分就业

充分就业是经济学一个重要概念，是指经济对劳动力的需求与劳动力的供给达到平衡的状态。充分就业是经济学的理想状态，是经济学家致力于实现的目标。

充分就业并非全部就业，而是仍然存在一定的失业。充分就业是指不存在周期性失业即由于总需求不足引起的失业，因而充分就业不包含摩擦性失业和结构性失业。摩擦性失业与结构性失业合称自然失业，因此当失业率等于自然失业率时可认为达到了充分就业状态。

五、如何减少失业、保持较为充分的就业

（一）需求方面

1. 要使经济处于良好的运行状态，有一定的发展空间。劳动力需求是商品需求的派生需求，经济运行状态较好，有发展余地，资本才有投资空间，劳动力才有可供的岗位，才有就业机会。

2. 有效需求要较为充足，收入分配结构应相对均衡。如本书前面相关章节所述，有效需求是人们需要与收入的交集。为此，**扩大有效需求包括引导人们在满足现有需要的情况下追求更高级需要、厂商不断创新产品以创造需求、使个人和家庭拥有较为富足的收入三个重要方面**。还应避免收入分配差距过大，防止过高收入在边际消费倾向递减规律作用下游离出再生产过程造成社会有效需求不足。

3. 要有满足货币执行职能的货币供应量。货币职能主要有价值尺度、流通手段、贮藏手段、支付手段和世界货币五大职能。货币供应量要能满足人们储存财富的需要、开展市场交易活动的需要和信用活动的需要。货币供应量是有效需求的载体，过大会使货币贬值，过小会限制有效需求。

（二）供给方面

要有一定规模的资本积累，资本数量满足生产活动需要。市场经济条件下，资本在生产要素中具有主导作用。如果没有一定数量的资本，劳动力就无法与之匹配开展生产活动。资本的投资活动创造就业机会。

（三）竞争和市场环境方面

如果行业或地区市场壁垒较多，准入限制严重，垄断力量强大，则投资空间受到人为限制，就业空间减少。消除市场壁垒，实现要素的自由流动、自由配置，降低准入门槛，实行平等竞争，则为经济发展和就业拓宽

了空间。

（四）人口自身方面

1. 人口规模适度。人口规模要与资源承载能力和空间容量相适应，尤其是保持人口总量与就业人口的适度比例。如果人口规模超过了资源和空间能够提供的就业岗位，则就业人口占总人口的比重必然较低，失业率上升，人口的消费者属性超过生产者属性，使一国的财富创造与积累能力减弱，出现贫困和一系列社会问题。

2. 人口素质不断提高。科学技术不断向前发展，生产技术自身具有不断进步的内在趋势。一国只有使人口的文化教育素质不断提高，才能与生产技术进步相适应，能够运用、主宰、创造新设备、新工艺、新技术，防止结构性失业扩大。

据此，就业率函数可表示为：$RE = f(Y, ID, M, K, INS, L, HC)$。

其中，RE 为就业率，Y 为经济，ID 为收入分配结构，M 为货币供应量，K 为资本，INS 为制度，L 为劳动力数量，HC 为人力资本。

第三节 就业人口、总人口与社会总供求均衡

一、社会总供求均衡的人口条件

根据人的生产者消费者属性，有理由认为，要使社会总供求平衡、经济运行稳定，就业人口与总人口之间需要保持一定的内在关系。

设 N 为一国总人口，L_{em} 为其中就业人口；总供给由生产函数 $Y_s = f(A, L, K)$ 决定，$Y_s = AL_{em}^{\alpha}K^{\beta}$；总需求由消费需求 C 与投资需求 I 两部分组成，$C = BN^{\gamma}$，$I = \varepsilon C$，$Y_d = (\varepsilon + 1)BN^{\gamma}$。

则当 $Y_s = Y_d$ 时，有：

$$\frac{L_{em}^{\alpha}}{N^{\gamma}} = \frac{(\varepsilon + 1) B}{AK^{\beta}} \qquad (11.1)$$

当 $\frac{L_{em}^{\alpha}}{N^{\gamma}} = \frac{(\varepsilon + 1) B}{AK^{\beta}}$ 时，社会总供求平衡；$\frac{L_{em}^{\alpha}}{N^{\gamma}} > \frac{(\varepsilon + 1) B}{AK^{\beta}}$ 时，总供给大

于总需求；$\frac{L_{em}^{\alpha}}{N^{\gamma}} < \frac{(\varepsilon + 1) B}{AK^{\beta}}$ 时，总供给小于总需求。

可见，要使社会总供求平衡发展、社会经济稳定，需使就业人口 L_{em}
与总人口 N 之间保持的一定的内在比例关系，根据式（11.1），就业人口
与总人口之间应当保持的相对关系的大小，取决于一个社会的生产技术条
件、资本积累情况和消费水平。它与 A、K 成反向变动，科技发展水平越
高、资本积累越多，达成社会总供求均衡需要的该比例越低，总人口中需
要参与劳动过程的人口越少；与消费水平成同向变动，消费水平越高，达
成社会总供求均衡需要的该比例越高，总人口中需要参与劳动过程的人口
越多。

二、充分就业与社会总供求均衡的配合关系

就业状况、社会总供求平衡状况，都关系到社会经济稳定。充分就业
与社会总供求均衡二者之间有无必然联系，存在哪些可能的状况，它们的
表现是什么，我们分短期和长期情况加以考察。

（一）短期关系

在商品市场，总供给是受总需求引导的，而劳动力需求又是由总供给
决定的。由于劳动力供给 L_s 是外生变量，因此当商品供给 Y_s 与商品需求
Y_d 均衡时，由商品供给决定的劳动力需求 $L_d = f(Y_s)$ 与外生变量 L_s 并不
必然一致；同样的，当劳动力供求均衡时，商品供求也不必然一致。因
此，劳动力市场与商品市场不是对方均衡的充分必要条件。

根据二者关系，将经济分为三种状态。

1. 均衡经济。$L_s = L_d$，$Y_s = Y_d$。充分就业与总供求均衡同时存在。这

是经济的理想状态，表现为经济稳定增长，失业率维持在自然失业率水平。

2. 过剩经济。$L_s = L_d$，$Y_s > Y_d$；或者 $Y_s = Y_d$，$L_s > L_d$。充分就业时商品市场供过于求，或总供求平衡时劳动力失业。通常表现为经济增长放缓，失业增加，物价下跌。

3. 短缺经济。$L_s = L_d$，$Y_s < Y_d$；或者 $Y_s = Y_d$，$L_s < L_d$。劳动力达到充分就业时商品市场仍然供不应求，或达到总供求平衡需要劳动力超负荷工作。通常表现为经济过热，物价上涨，工资不断增长，甚至出现"用工荒"。

（二）长期关系

短期状态是理论上不考虑进一步的变化特别是供给调整，因而实践中存在于一段时间内非永续性的状态。从长期看，需求和供给两方面都会做出调整，过剩经济通过逐渐消化过剩产能，或增加需求吸收劳动力就业，经济发展趋势总体稳定，短缺经济通过一段时间的发展后，供给能力将提高，供给数量的增加将使劳动力充分就业时经济逐渐摆脱供不应求。因此长期上充分就业与总供求均衡是一致的。

第四节　物价稳定与通货膨胀

保持物价稳定是经济运行追求目标之一。保持物价稳定本来包含两方面内容：防止通货紧缩和通货膨胀。但是，通货紧缩较通货膨胀而言，由于国家掌握着货币发行，可以通过增加货币供应量较为轻易地解决，因此保持物价稳定主要研究通货膨胀。

一、通货膨胀的定义与度量

通货膨胀是指一定时期价格水平持续和显著的上涨。

衡量通货膨胀的主要指标是通货膨胀率。通货膨胀率是从一时期到另一时期价格水平变动的百分比，$\pi = \dfrac{P_t - P_{t-1}}{P_{t-1}}$。

通货膨胀率为负值时为通货紧缩。

二、通货膨胀的分类

（一）按照通货膨胀的幅度分类

温和的通货膨胀：年通货膨胀率在10%以内。

奔腾的通货膨胀：年通货膨胀率在10%～100%。

超级的通货膨胀：年通货膨胀率在100%以上。

（二）按照商品价格上涨幅度分类

平衡的通货膨胀：各种商品价格按完全相同的幅度上涨。

非平衡的通货膨胀：不同品种的商品，价格上涨幅度有差别。

三、通货膨胀的形成原因及主要反映的经济矛盾

通货膨胀作为一种经济现象，是由多种因素形成的。造成通货膨胀的原因主要有以下三点。

（一）需求拉动型通货膨胀

需求拉动型通货膨胀又称超额需求通货膨胀，是总需求超过总供给、过多货币追求过少商品引起的通货膨胀，是最为常见的通货膨胀。多数与宏观管理部门释放流动性过多过快造成货币购买力下降有关。

（二）成本推动型通货膨胀

成本推动型通货膨胀是商品成本上涨引起的通货膨胀，多数教科书认为推动因素主要包括工资和利润（垄断企业提高价格谋取利润）两种情

况。本书认为还应包括原材料能源等基础产品（如原油）价格上涨。因此，成本推动型通货膨胀包括工资成本引起、基础产品价格引起、利润增长引起三种情况。

（三）结构型通货膨胀

结构型通货膨胀是低劳动生产率部门要求与高劳动生产率部门在工资收入上保持相近水平，改变了各部门间原有的工资—劳动生产率对比结构，低劳动生产率部门工资收入上涨过快造成的成本上升引起的通货膨胀。结构型通货膨胀本质上是成本推动型通货膨胀的一种情况。

物价是经济运行的重要表象，是经济的又一个"晴雨表"。一般而言，在没有明确的工资原材料价格率先上涨等成本推动因素情况下，通货膨胀、物价上涨是社会总供求关系呈供不应求态势的反映。多数情况是需求增长过多过快造成的，其背后又常与货币供应量过大有关。

四、通货膨胀对经济运行的影响

通货膨胀既是经济表象，反过来又对经济造成影响。通货膨胀对经济的影响如表 11 –1 所示。

表 11 –1　　　　　　各种通货膨胀对经济的影响情况

是否被预计	商品价格涨幅	
	涨幅一致	涨幅不同
被预计到的膨胀	多数情况没有实质影响，货币购买力等比例贬值。 对超额累进税有影响，使收入进入高阶税率段，增加税负	对商品比价关系体系造成影响，调整不同厂商间的收益分配
未被预计到的膨胀	出借资金者受到损失，借入资金者受益。 容易造成市场恐慌和价格连锁反应	对商品比价关系体系造成影响，调整不同厂商间的收益分配。 容易造成市场恐慌和价格连锁反应

五、通货膨胀的治理

一是宏观管理部门做好政策评估，把握释放流动性的合理规模，避免货币超发。

二是建立规模适度的能源等基础产品国家储备制度，必要时投放储备，增加市场供给，平抑物价。

第五节　通货膨胀与失业的关系

一、描述通货膨胀与失业关系的模型：菲利普斯曲线

目前的教科书上，菲利普斯曲线主要有以下两种图形（见图 11 – 1、图 11 – 2）。

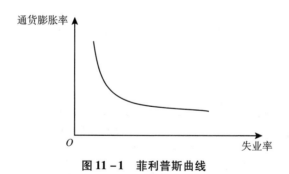

图 11 – 1　菲利普斯曲线

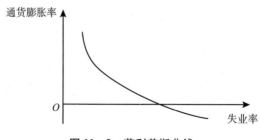

图 11 – 2　菲利普斯曲线

菲利普斯曲线最早是由新西兰统计学家菲利普斯于 1958 年提出的，描述了货币工资增长率与失业率呈负相关关系。

1960 年萨缪尔森和索洛将货币工资增长率修改为通货膨胀率，将菲利普斯曲线改为描述通货膨胀率与失业率关系的模型，并广为流传至今。现今通常所说的菲利普斯曲线即指该模型。按照该模型，通货膨胀率与失业率存在负相关关系，进而，国家可在通货膨胀率与失业率之间进行选择性替代。

二、对菲利普斯曲线的分析

（一）关于菲利普斯的"菲利普斯曲线"

工资增长率与失业率显然存在负相关关系，因为失业率上升意味着劳动力供过于求，工资增长率必然下降甚至负增长。而工资增长率提高意味着劳动力需求增加，失业率必然下降。"菲利普斯曲线"揭示的劳动力稀缺程度（由失业率反映）与劳动力价格（货币工资率）的关系是正确的，但是，该曲线所运用的指标决定了对宏观经济决策的参考价值比较有限。

（二）关于萨缪尔森和索洛的"菲利普斯曲线"

萨缪尔森—索洛菲利普斯曲线在直观上是易于被人接受的。其一，由于通货膨胀现象是经济过热的表征，而失业增加是经济过冷的表征，通货膨胀与失业属于经济的两个相反状态，因此两个指标也应是反向关系。进一步的，似乎国家降低通货膨胀率，给经济"降温"，经济就会由于过冷而导致失业率提高；给经济"升温"，降低失业率，经济会由于过热而通货膨胀率上升。其二，萨缪尔森—索洛菲利普斯曲线的目的似乎在于说明，国家可以在不变动全社会实际总产出的情况下让更多人就业，手段是以通货膨胀稀释实际收入让每个人都为此付出一部分代价。这与人们的常识比较吻合：总量不变的条件下，参与分配的人多了，每人分到的份额就小了。假设经济社会中劳动力总数为 N，厂商原先雇用劳动力为 L_0 人，

每人工资 w_0，工资总额 w_0L_0，失业率为 $\dfrac{N-L_0}{N}$；现在为使更多人就业，厂商雇用劳动力人数增至 L_1，则失业率降为 $\dfrac{N-L_1}{N}$，但由于社会需要的产品数量不变，工资总额仍为 w_0L_0，因此 L_1 人每人分得 $\dfrac{w_0L_0}{L_1}$，实际工资下降 $\dfrac{L_1-L_0}{L_1}$，由于每人的货币工资水平不变，因此发生通货膨胀率 $\dfrac{L_1-L_0}{L_1}$。

萨缪尔森—索洛菲利普斯曲线存在的问题。该曲线需要严格的假设条件，其假设与现实不符。（1）萨缪尔森—索洛菲利普斯曲线的最大问题，在于忽视了这样一个经济现实，即失业和通货膨胀二者之间并不是非此即彼的关系。事实上，在经济运行的相当区域，失业率的降低不会同时产生通货膨胀，反之亦然。从图 11 - 2 可知，菲利普斯曲线暗含着这样的假设，即经济均衡是一个没有长度和大小的质点，经济主要运行在过热和过冷两种极端状态；通货膨胀与失业同时存在于整个经济过程，且都对经济丝毫的冷热改变极为敏感。只有符合该假设，使物价细微下降的经济温度变化才能引起失业率的敏感上升，反之亦然。换言之，经济从均衡质点稍加偏移都会立即成为过热或过冷，敏感地触发通货膨胀率和失业率同时改变。如果没有这一假设，通货膨胀率与失业率互为替代关系就不能存在了。（2）菲利普斯曲线的主体部分位于第 I 象限，通货膨胀率为正，是商品市场供不应求区域（经济过热状态）。按照菲利普斯曲线，该象限内同时存在的通货膨胀率和失业率二者呈此消彼长的负相关关系，即在供不应求的经济过热状态仍存在着周期性失业（只有周期性失业才随供求而变化，摩擦性和结构性失业不受供求影响），由此推断菲利普斯曲线认为在供求均衡时社会存在大量的过剩劳动力。（3）从微观方面看，将菲利普斯的货币工资率替换为通货膨胀率指标，是假定货币工资具有绝对刚性，没有丝毫可能性下调，且名义工资超过实际工资是通货膨胀的唯一因素并全部能够转化为通货膨胀。

对于第一个假设，我们在经济增长理论中已经阐述。供求均衡是有一个容忍度的区间，经济均衡增长路径有一个带宽，并非过热与过冷两种极

端情况，因而，在供过于求的过热状态下通货膨胀率下降的同时并不一定
失业率上升，泛言之，经济变化并不一定导致通货膨胀率与失业率同时变
化。对于第二个假设，即在总供求均衡时社会存在着大规模过剩劳动力——
愿意接受现有工资条件、想就业而社会提供的工作岗位不足的人口，本书
认为这显然只存在于大萧条时期而不是均衡常态，与主要市场经济国家的
现实不符。对于第三个假设，已如前述，除了工资因素以外，造成通货膨
胀的还有其他因素，且名义工资上涨也可能被产品总成本下降所吸收，二
者并非严格一致关系。

三、本书对通货膨胀率与失业率关系的分析：构建新的菲利普斯曲线

分以下三种情况考察。

（一）商品市场供求均衡的同时达到充分就业

这是传统经济学的观点。该情况下通货膨胀率与失业率的关系如
图 11 - 3 所示。

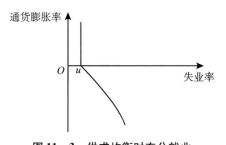

图 11 - 3　供求均衡时充分就业

商品市场供求均衡时，通货膨胀率为 0，此时充分就业，假设自然失业
率为 u，则经济处于 $(u, 0)$ 点。当减少货币供应量 M 时（图 11 - 3 下半
部分），发生通货紧缩，并由此造成失业率增大，形成一条向右下方倾斜的
曲线。由于通货紧缩再严重，社会也有一些起码的就业，因此失业率增大速

度慢于通货紧缩率增大速度。当增加货币供应量 M 时（图 11 - 3 上半部分），需求增加，物价上升，通货膨胀率增大。但由于此时已达充分就业，因此失业率不变仍为自然失业率 u，由此形成一条垂直于横轴的直线。

（二）商品市场供求均衡时低于充分就业

这是凯恩斯的观点，反映了大萧条时期的情形。该情况下通货膨胀率与失业率的关系如图 11 - 4 所示。

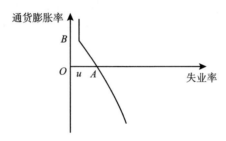

图 11 - 4　供求均衡时低于充分就业

商品市场供求均衡时未达充分就业，除自然失业外还存在周期性失业，假设此时自然失业率与周期性失业率合计的总失业率为 A，则此时经济处于 $(A, 0)$ 点；只有当需求向上增长至 B 点时，才达到充分就业，此时经济处于 (u, B) 点。当减少货币供应量 M 时，在 (u, B) 点以下，一方面通货膨胀率减小，穿过横轴后成为通货紧缩；另一方面劳动力不再得到充分利用，失业率增大，形成一条向右下方倾斜的曲线。当增加货币供应量 M 时，在 (u, B) 点以上，需求增加使通货膨胀率增大，但由于此时已达充分就业，因此失业率不变仍为自然失业率 u，是一条垂直于横轴的直线。

（三）充分就业时商品市场尚未达到均衡，仍然供不应求

这是商品匮乏、短缺经济的特征。该情况下通货膨胀率与失业率的关系如图 11 - 5 所示。

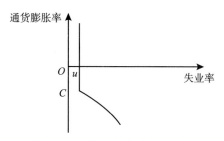

图 11 - 5   供不应求时充分就业

商品市场处于供不应求、尚未达到均衡时劳动力就已经充分就业，假设商品市场供求关系处于 C 时周期性失业被使用完毕仅剩余自然失业率，达到充分就业，此时经济处于 (u, C) 点。当减少货币供应量 M 时，在 (u, C) 点以下，一方面通货紧缩增大，另一方面劳动力不再得到充分利用，失业率增大，形成一条向右下方倾斜的曲线。当增加货币供应量 M 时，在 (u, C) 点以上，需求增加使通货膨胀率增大，但由于此时已达充分就业，因此失业率不变仍为自然失业率 u，是一条垂直于横轴的直线。

需要说明的是，上述三种情况只考虑了增加货币供应量 M、需求变化后通货膨胀率与失业率的关系，而没有考虑后续还将发生的变化特别是供给的变化。事实上，在上述第 2 种情形（见图 11 - 4）即凯恩斯描述的有效需求不足情形，通过刺激有效需求，有效需求的增加将使总供给与总需求实现均衡的水平提高，生产扩大将吸收劳动力就业，从而达到充分就业。在上述第 3 种情形（见图 11 - 5）即供不应求的短缺经济情形，经济经过一段时间发展后，供给能力将提高，供给数量的增加将使劳动力充分就业时经济逐渐摆脱供不应求，实现供求均衡。因此，从长期看，通货膨胀率与失业率的关系都将转化为上述第 1 种情形（见图 11 - 3）的形态。

综上，短期菲利普斯曲线（通货膨胀率与失业率的短期关系）有如图 11 - 3 至图 11 - 5 所示的三种形态，长期菲利普斯曲线（通货膨胀率与失业率的长期关系）只有一个统一的形态即第 1 种形态。

第六节 滞 胀

一、滞胀的定义

滞胀，即在经济停滞的同时伴随通货膨胀。滞胀现象始于 20 世纪 70 年代，主要表现是：经济停滞、倒退或低速增长，失业率上升或隐性失业增加，物价上涨。

二、滞胀的形成机制

滞胀的形成可以用图 11 -6 表示。

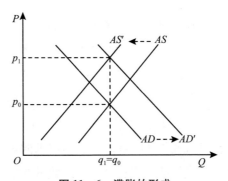

图 11 -6　滞胀的形成

图 11 -6 中，总供给 AS 左移至 AS′，总需求 AD 右移至 AD′，此时经济的产出不变仍为 q_0，而价格由 p_0 上升至 p_1，在经济停滞的同时发生通货膨胀。

可见，滞胀与多数经济现象不同。在多数经济现象中，由于供给是以需求为导向的，因而供给与需求同向变动，但是在滞胀中，出现了供给与需求的反向变动。滞胀的形成机制是在需求增加的同时供给出现了萎缩。

三、滞胀的深层次因素

20 世纪 70 年代曾发生了比较严重的滞胀。经济学界的一种看法是石油价格暴涨和政府采取了不当的刺激需求政策，央行使用过度宽松的货币政策抗击经济衰退，造成了物价与工资的交替上升。本书认为，这是造成滞胀的一个重要原因，然而不是全部原因，因为此后在不同条件下滞胀仍有发生。

本书认为，造成滞胀现象的深层次原因主要有 5 个方面。

（一）技术进步缓慢时的供给创新停滞

在理论上，按照主流经济学的观点，当经济衰退阶段，为了熨平周期波动，应当采用扩张性财政货币政策刺激有效需求；在实践中，宏观管理部门由于掌握的政策工具所限及对经济理论的结论化倾向，将扩张性政策简单等同于减税、补贴、增加货币供应量等向社会让渡收入，注入货币的做法。事实上，已如本书前述，有效需求是人们需要与收入的交集，二者缺一不可。然而上述政策全部围绕有效需求其中一个方面——货币，对另一个重要方面——人们的真正需要未予考虑。设想个人乃至社会即使持有再多货币，但对现有商品的消费量已经饱和，市场上又没有出现能够引起购买欲望的新商品、新品种，这是否增加了"有效"需求？其结果是市场交易量不增加、经济停滞，同时因宏观管理部门向社会大量释放流动性造成货币供应量过多，物价上涨，形成滞胀。可见，要真正增加有效需求，足够的货币与人们对商品的购买欲望同等重要，因此除了国家通过扩张性财政货币政策向社会增加货币外，不可忽视供给部门通过技术进步和商品创新激发人们购买欲望、创造需求方面的重要作用。

对于发展中国家而言，存在"后发优势"，在满足消费者对现有产品的需求后可以跟随发达国家产品的脚步借鉴生产。但对于发达国家而言，很多产品主要依靠率先创造，首创难度高。发达国家在技术突破不大、技术进步缓慢的时期，由于供给创新停滞，容易出现滞胀。

（二）大量技术和生产能力非民用化造成对社会的供给减少

国家对社会资源的过度使用，会挤占社会商品供给能力，使得在总供给不变甚至有所增加情况下对公众提供的商品供给减少，在社会上形成滞胀。例如，国家委托某飞机制造企业生产战机，该公司产能有限，在优先满足国家订单的同时，对社会提供的民用飞机供给量大幅减少甚至停产。事实上，滞胀最为严重的 20 世纪七八十年代，正是美苏两国激烈争霸的时期，大量优质研发能力、工业制造和供给能力被国家优先使用，无疑减少了用于满足社会需求的供给能力和商品供应量。此后，随着大国争霸的结束，一些技术力量和产能重新回归社会生产，滞胀现象得到缓解。与上述情况类似，战争必然毁灭一些资本实物，削弱供给能力，造成的减产也会导致滞胀。

（三）垄断的低效供给及对产出进行人为抑制

当市场集中度高、垄断现象严重，或者国家在一些行业或地区存在行政性壁垒时，由于处于垄断地位的厂商缺乏适应市场需求的动力，对市场信号敏感度低，供给往往不能及时对需求做出反应，使供求差增大。如果垄断力量十分强大，国家反垄断制度与措施没有及时跟上，垄断企业往往会通过限制产量、提高价格获取垄断利润，或者购买新技术新产品的专利权束之高阁。这些垄断行为抑制了供给，造成滞胀。

（四）高福利型社会保障制度影响供求机制

社会保障制度减轻了经济运行的振荡，对于保障人的生存权利、生活需要和社会稳定发挥了重要作用，但高福利型社会保障制度是造成发达国家滞胀现象的一个重要因素。在自发的供求机制中，供给与需求具有较强联动性，经济在衰退阶段供给和需求双双下降。发达国家普遍建立高福利型社会保障制度后，在失业比较集中的阶段，失业的扩大使对社会的供给量减少，但高福利型社会保障制度使个人和社会的有效需求下降幅度不大，供给和需求的相对变化关系导致滞胀。

（五）基础产品价格上涨

基础产品特别是应用广泛的重要能源、原材料，与众多商品关联度大，影响范围广泛，其价格大幅上涨，一方面推高了许多商品的生产成本，推动商品价格广泛上涨；另一方面由于资源稀缺性使厂商获得难度倍增，消费者短期内又很难完全接受最终产品大幅涨价。在造成通货膨胀的同时也抑制了商品供给，形成滞胀。

四、滞涨的治理

1. 国家制定并实施保护技术进步的法令和措施，鼓励供给创新，促进供求平衡。
2. 国家对社会资源的占用使用应当控制在一定限度之内。
3. 制定反对垄断、维护竞争的制度。
4. 社会保障制度的福利水平应当适度。
5. 建立规模适度的重要能源原材料等基础产品国家储备制度。

第七节　本章小结

经济稳定是经济运行的重要目标。本章在简要回顾经济系统自身运行的稳定性（该问题已在本书各相关章节做了论述）的基础上，回答的主要问题：（1）失业、通货膨胀等主要的不稳定现象由哪些原因造成，主要反映了怎样的经济矛盾？（2）如何控制失业，实现比较充分的就业？（3）人口就业与社会总供求平衡具有怎样的内在联系，其状态的经济表现是什么？（4）描述失业与通货膨胀关系的菲利普斯曲线是否准确，失业与通货膨胀之间具有怎样的联系？（5）滞胀是如何形成的，如何防止与解决滞胀？

本章在分析失业、通货膨胀、滞胀等不稳定经济现象形成原因与机制的基础上得出：（1）一般而言，失业率变化是劳动力供求对比变化的反映，其背后又是社会总供求的变化，但市场经济制度不健全特别是行业和地区行政性壁垒也是需要关注的重要失业因素。（2）由于人的双重属性原理，若要保持社会商品总供求平衡，就需要在就业人口与总人口之间保持一定比例，该比例与科技发展水平、资本积累成反比，与消费水平成正比。（3）萨缪尔森—索洛菲利普斯曲线虽然在直观上易被接受，但并未准确反映失业率与通货膨胀率的关系。它的最大问题，在于忽视了这样一个经济现实，即失业和通货膨胀二者之间并不是非此即彼的关系，事实上，在经济运行的相当区域，失业率的降低不会同时产生通货膨胀，反之亦然。（4）滞胀的形成机制是需求增加的同时供给出现萎缩，其深层次因素既涉及长期以来对有效需求的认识问题，又涉及供给问题、国家使用社会资源适度性问题和社会保障问题。

本章的理论和实践贡献在于：（1）提出了人的双重属性原理，以此为基础研究了就业—人口比与社会总供求均衡的内在关系。（2）在成本推动型通货膨胀中补充了基础产品价格上涨因素，由以前的工资和利润两种情况拓展为工资成本引起、基础产品价格引起、利润增长引起三种情况。（3）在分析劳动力供求平衡与社会总供求均衡配合关系的基础上提出了新的反映失业率与通货膨胀率联系的"菲利普斯曲线"。（4）较为完整地研究了形成滞胀的深层次因素，提出了相应解决建议。

第十二章 产业结构的演进与高级化

第一节 产业、产业结构、产业关联度

一、产业和产业结构

产业又称行业或经济门类、经济部门，是生产同质产品的企业的集合。当然，同质的分类可粗可细，因此产业的分类也可粗可细。

产业结构，是各产业在国民经济中所占比重。

二、产业关联度

（一）产业关联度的概念

多数教材定义产业关联度是指产业与产业之间通过产品供需而形成的相互关联、互为存在前提条件的内在联系。本书认为，产业关联度是各产业之间关系的密切程度。

（二）产业关联度的两个方面

产业关联度主要表现在两个方面：

1. 在产品方面，任何一个产业，都会对其他产业的产品有所需求，把其他一些产业生产的产品作为自己开展生产活动的投入要素。同时，其产品（除最终产品以外）也被其他产业所需求，作为其他产业开展生产活动的投入要素。

2. 在技术方面，一个产业的生产，需要其他产业为其提供技术水平层次相当的生产手段。同时，它的发展也推动了关联产业的技术进步，从而使整个经济的技术水平不断向更高层次推进。

（三）产业关联度的量化指标

已有对产业关联度的定量研究，主要集中在产业关联度的第一方面即产品联系方面，这是因为产品的投入消耗与产品产出容易量化。量化指标主要有影响力系数和感应度系数。

1. 影响力系数是指国民经济某一个产品部门增加一个单位最终产品时，对国民经济各部门所产生的生产需求波及程度。影响力系数越大，该部门对其他部门的拉动作用也越大。

影响力系数 f_j 一般计算公式为：

$$f_j = \frac{\sum\limits_{i=1}^{n} C_{ij}}{\frac{1}{n}\sum\limits_{j=1}^{n}\sum\limits_{i=1}^{n} C_{ij}} \tag{12.1}$$

或

$$f_j = \frac{\sum\limits_{i=1}^{n} C_{ij}y_j}{\frac{1}{n}\sum\limits_{j=1}^{n}\sum\limits_{i=1}^{n} c_{ij}y_j} \tag{12.2}$$

其中，C_{ij} 为完全需求系数，是列昂惕夫逆矩阵 $(I-A)^{-1}$ 中各行列的元素，A 为第九章中提到的直接消耗系数矩阵，y_j 为第 j 部门的最终产出。

式（12.1）为根据完全需求系数进行简单算术平均计算的影响力系数；式（12.2）为考虑了部门最终产出差异的影响力系数。

当 $f_j > 1$ 时，表示第 j 部门的生产对其他部门所产生的波及影响程度超过社会平均影响水平（各部门产生的波及影响的平均值）；当 $f_j=1$ 时，表示第 j 部门的生产对其他部门所产生的波及影响程度等于社会平均的影响力水平；当 $f_j<1$ 时，表示第 j 部门的生产对其他部门所产生的波及影响程度低于社会平均影响力水平。显然，影响力系数 f_j 越大，第 j 部门对其他部门的拉动作用越大。

2. 感应度系数是指国民经济各部门每增加 1 个单位最终使用时，某一部门由此而受到的需求感应程度，也就是需要该部门为其他部门生产而提供的产出量。系数大说明该部门对经济发展的需求感应程度强，反之，则表示对经济发展需求感应程度弱。

感应度系数 e_i 一般计算公式为：

$$e_i = \frac{\sum\limits_{j=1}^{n} c_{ij}}{\frac{1}{n}\sum\limits_{i=1}^{n}\sum\limits_{j=1}^{n} c_{ij}} \tag{12.3}$$

或

$$e_i = \frac{\sum\limits_{j=1}^{n} c_{ij}y_j}{\frac{1}{n}\sum\limits_{i=1}^{n}\sum\limits_{j=1}^{n} c_{ij}y_j} \tag{12.4}$$

式（12.3）为根据完全需求系数进行简单算术平均计算的感应度系数；式（12.4）为考虑了部门最终产出差异的感应度系数。

（四）已有产业关联度量化指标的不足和本书的补充

已有产业关联度量化指标存在两个问题，一是研究的是某一产业对整个国民经济的影响，缺乏反映一产业对另一产业影响的研究指标；二是不论影响力系数还是感应度系数，都以投入产出表为基础，将生产产品消耗的其他产品的数量作为衡量关联性的主要依据。然而事实上存在这样的情况，对某些产业的产品虽然在量上消耗不多，但却是关键产品，无法替代，对某些产品虽然在量上大量消耗，但是并非非他莫属，可用其他一种或几种产品替代。这需要将可替代程度加以量化，创建一个新的指标。

为此，本书补充若干指标。

1. 从产品消耗量的关系考察两个产业之间的依存度。具体用国民经济投入产出表中的直接消耗系数 α_{ij} 或完全消耗系数 b_{ij} 反映，如果某产业生产产品消耗的各部门产品中，消耗某一产业的产品比重越高，则对该部门依赖性越高，反之越低。

2. 创建一个从所耗产品替代性强弱这一质的方面反映产业之间依存度的指标。假设生产 A 产品通常需要投入 1～10 号共 10 种原材料产品（包括技术在内），则我们按照替代难度把 1～10 号原材料产品从 0 到 100% 进行排序，0 表示无替代难度，100% 表示没有任何其他产品（技术）可替代，则原材料产品替代难度是从质的方面反映 A 产业对 1～10 号原材料产业依存程度的指标。

3. 在此基础上，再创造一个综合上述两方面即从消耗数量占比这一量的方面和替代性这一质的方面综合反映产业依存度的指标，用每种原材料产品的消耗系数乘以每种原材料产品的替代难度系数的乘积来反映 A 产业对每种原材料产业的依存度。

（五）产业关联度的意义

当经济管理实践中制定针对或涉及某一产业的政策措施时，不能仅考虑该产业本身，而必须考虑产业关联度，综合考虑其对上游和下游产业的连带作用，着眼于该产业对国民经济的系统性影响。

第二节　决定单一产业发展状况的影响因素

一、需求方面

一定的产业能否产生和发展，归根到底取决于是否有需求。需求即市场，是承载产业发展的支撑，是产业发展的空间和容量。经济学中的需求是有效需求，因此，对某一产业的需求由两方面决定：一是人们对该产业的产品有需要，二是人们有消费该产品的足够收入。只有人们对产品的需要和收入水平形成了一定规模的市场，某一产业才具备了蓬勃发展的条件。

二、供给方面

一是产业自身需要具备的工艺水平、技术能力是该产业能否发展的现实技术条件；二是配套产业的发展，如与该产业相关的新材料、新技术的发展也是产业发展的重要条件。

综合上述影响因素，只有技术发展使产品成本降低到相比人们的收入而言有足够的利润时，产业才能规模化发展，在产业结构中占据一席之地。

三、产业所处的环境

充分的市场竞争能够推动技术进步、降低成本，促进产业发展，而缺乏竞争的市场环境使技术进步和降低成本的动力不足，造成产业发展迟滞。

第三节　决定一国产业结构的影响因素

一、需求结构和收入分配结构

如前所述，产业发展状况取决于需求，因此，产业结构归根到底是由需求结构决定的。如果一国的产业结构总体偏低，说明该国的市场需求能力总体偏低，或者该国收入分配体系存在严重扭曲：收入分配极其不均等，两极分化严重，多数人的收入处于较低水平。

二、生产技术水平

如果一国科技水平较高，它就会拥有高技术产业，这使该国要么占据产业链的高端位置，总体产业结构呈现高端状态，要么产业结构较为完整。而如果一国科技水平较低，它就无法拥有或者只在某一两个领域拥有少量高科技，无法较多地占据产业链的高端位置，使总体结构呈现低端状态。

三、市场竞争的充分度和要素流动的自由度

如果在某些产业存在市场寡头垄断或者政府行政性垄断，存在进入壁垒，要素流入受到限制，则这些产业发展不充分，从国家整体看产业结构出现扭曲和不合理。各产业的垄断力量越少，竞争越充分，要素在各产业间进出流动、自由配置，产业结构就越合理。

第四节　产业结构失衡的治理

一、产业结构失衡的界定

解决产业结构失衡问题之前，首先要对什么是产业结构均衡与失衡做出界定。

产业结构均衡，是指在一定的社会需求基础上，以社会需求为参照，各产业的发展比较平衡，或者说，资本在各个产业之间的分布符合需求。

产业结构失衡（不均衡），是指产业结构不符合需求，有需求有利润的领域出现投资不足、发展不充分，而需求少、利润低的领域出现资本拥挤、发展过剩的情况，即各产业的投资分布与社会有效需求不符的结构扭曲局面。

一国管理当局对产业结构的主观判断与偏好（例如一国政府认为本国自然资源产业比重过大、高技术产业比重较小），即现实的产业结构与管理当局的预期和主观愿望存在差距的情况，不能作为判定产业结构均衡与失衡的依据。

由于产业结构均衡是指现有产业的规模相对于需求合乎客观比例，因此判定产业结构是否均衡需要客观的判断标准。我们以各产业的利润率作为客观衡量标准。利润率反映了各产业投资分布的合理性与发展程度的均衡性。如果有些产业的利润率很低，有些产业的利润率很高，则存在产业结构失衡；如果各产业的利润率大致相当，那么各产业的投资和发展规模就是基于当前需求而言分布基本合理的，产业结构是均衡的。

二、产业结构失衡的治理措施

一般来说，在竞争比较充分、要素在产业间能够自由流动、不存在壁垒的市场环境下，产业结构失衡不会长时期存在。因为如果存在产业结构不均衡，部分产业发展不足、部分产业发展过剩的情况，则厂商会在追求更高利润的驱使下由发展过剩、竞争激烈、利润率低的产业转移到发展不足、竞争不激烈、利润率高的产业，竞争和转移机制将逐渐修复产业结构的不均衡，使各产业的发展达成均衡。

如果一国在较长时期产业结构一直处于失衡状态没被市场竞争机制和要素转移机制修复，则政府需要检查市场机制、市场环境是否出了问题，说得更清楚一些，就是某些产业是否存在市场寡头垄断或者行政性垄断，阻碍了市场竞争机制发挥要素转移、调节各产业发展、均衡产业结构的作用。如果存在这些问题，说明市场机制不能有效发挥作用，机制被破坏，必须立即进行纠正，清除阻碍要素流动配置的壁垒，完善基础制度，促进各产业充分竞争。

第五节　产业结构不符合管理者主观期望的治理

在前述研究产业结构失衡时，我们规定，如果现有各产业的利润率大致相当，只是与管理当局的主观偏好不同，这不属于产业结构失衡。但是我们依然可以研究产业结构不符合、达不到管理当局的主观期望的治理方案。

根据本章第三节的基本理论，决定一国产业结构的影响因素主要是需求结构和收入分配结构、生产技术水平、市场竞争的充分度和要素流动的自由度。依据上述理论，管理当局如希望建立符合偏好的产业结构或者建立主观判断为有利的产业结构，应当采取以下措施。

1. 调整收入分配结构，使产业的潜在消费者拥有与消费产品相适应的收入。

2. 采取财政货币政策，如采取财政补贴、税收优惠、贷款免息等措施，推动相关技术的发展，鼓励与该产业相关的技术研发，为产业发展创造条件。

3. 检查目标产业是否存在进入壁垒，促进要素自由流动，消除进入障碍。

管理者若以行政命令或直接投资等方式试图强行改变产业结构，效果不会理想。这是因为，产业的发展有其土壤和环境，供给、需求、竞争等方面的产业结构影响因素正是一国产业结构的土壤和环境。无论在产业不具备生长条件时促使其发展，还是在产业具备生长土壤与环境时强行抑制其发展，同样都是极其困难的。

第六节　产业结构的演进升级

一、产业结构演进升级理论的基本范式

研究产业结构演进升级的趋势规律，首先要建立在一定的产业分类基础上，因此产业结构演进升级理论至少包括两个主要部分：一是对产业的划分，即产业分类理论；二是在既定分类下对各产业变动趋势规律进行的研究归纳。

二、产业结构演进升级的主流理论

（一）当前产业结构演进升级理论的基础：三次产业分类理论

如本章前述，研究产业结构的演进升级规律，需要建立在一定的产业分类理论的基础上。产业分类有许多方式，但与产业结构演进升级有关、作为其基础的目前主要是三次产业分类理论。

三次产业分类法是研究产业结构的一种重要分类方法，也是进行国民经济统计分类的理论依据。三次产业分类的概念是由费希尔在其 1935 年出版的《安全与进步的冲突》中首次提出的。英国经济学家、统计学家克拉克在继承费希尔研究成果的基础上，在 1940 年发表的著名经济学著作《经济进步的条件》一书中，首次运用三次产业分类法。此后，这种分类法逐步在世界主要国家得到认可并推广。

三次产业分类法，就是把全部经济活动划分为第一产业（primary industry）、第二产业（second industry）和第三产业（tertiary industry）。第一产业是以农业和畜牧业为主的初级生产阶段，与此对应的产业活动包括

种植业、畜牧业、狩猎业、渔业和林业。第二产业的形成始于英国 18 世纪 60 年代开始的第一次产业革命，以机器大工业的迅速发展为标志，包括采掘业、制造业、建筑业、运输业、通信业、电力业和煤气业等。到 20 世纪初，随着大量的资本和劳动力进入非物质生产部门，第三产业开始形成，包括商业、金融业、饮食业以及科学、卫生、文化教育、政府等公共行政事务。

（二）三次产业分类下的产业结构演进趋势

反映产业结构演进规律的一个重要理论是配第—克拉克定理。克拉克（1940）依据费希尔的三次产业分类法，搜集了 20 多个国家的时序数据，通过统计分析，计量和比较了不同人均国民收入水平下，就业人口在三次产业中分布结构的变动趋势，揭示了人均收入与结构变动之间的关系：随着人均国民收入水平的提高，劳动力首先由第一产业向第二产业转移；人均国民收入的进一步提高，将使劳动力流向第三产业。这种劳动力的转移是由产业间的收入差异引致的。按照该定理，在收入水平差异下，劳动力会在第一、第二、第三产业之间依次进行流动。

三、本书关于产业结构演进升级的理论

（一）问题的提出

三次产业分类是在 1840 年提出的，当时正值工业革命的初期，第三产业方兴未艾，三次产业分类符合当时研究产业结构演进规律的现实需要。

但是随着经济的发展和产业门类的演化，情况发生了很大变化，现如今的第三产业非常丰富，门类越发庞杂，已远是今非昔比，成了一个除去广义农业和广义工业外包含各个产业的箩筐。在这种情况下继续沿用三次产业分类方法研究产业结构演进方向，难以对三次产业分类框架下现代第三产业进一步发展的规律性做出进一步的有效研究。三次产业分类法已无

法完全满足产业发展的现实需要，经济的发展要求新的产业分类法作为研究产业结构演进规律的理论基础。为此，迫切需要建立新的产业分类结构，在此基础上对产业结构的发展方向做出研究。

（二）理论基础：产业分类

本书首先采用马斯洛需求层次理论设置新的产业分类，建立产业分类理论，进而以这一新的产业分类理论为基础，研究分析产业结构的演进趋势。

采用马斯洛需求层次理论作为产业分类的基础，既有必要性，也有可能性。经济系统是由需求和供给两方面组成的，理论上产业分类可以从供给和需求两个角度加以研究。以往的产业分类理论，包括三次产业分类理论在内，都是从供给角度对产业加以区分的，现在，我们有必要从需求角度对产业加以区分。

按照马斯洛需求层次理论，人的需求包括生存需要、安全需要、社交需要（情感和归属需要）、尊重需要、自我实现与发展需要（见图 12 - 1）。据此，本书把全部产业相应划分为五类，即满足生存需要的产业、满足安全需要的产业、满足社交娱乐需要的产业、满足尊重需要的产业和满足自我实现与发展需要的产业。

图 12 - 1　马斯洛的需求层次

满足生存需要的产业，主要是衣食住行类行业，包括农业、食品加工、纺织、建筑、交通运输等；满足安全需要的产业，主要是个人与集体安全和健康保障类行业，包括警察、军队、保安、官员、保险、金融、公共卫生、医疗等；满足社交娱乐需要的产业，主要是社交休闲娱乐行业，包括餐饮、旅游、影院、影视制作、美术、体育、电子游戏等；满足尊重需要的产业，主要是个人受尊重和群体（国家）受尊重类行业，包括奢侈品、新闻媒体、应用科技等；满足自我实现与发展需要的产业，主要是知识和基本规律认知类行业，包括教育、基础科学研究等。

（三）产业结构演进升级的一般历史趋势

与需求的迈升相适应，产业结构的发展也是由低级向高级不断演进的过程：在人类社会的生产水平较低阶段，产业结构中主要是满足生存需要、安全需要的产业，而满足其他需要的产业所占比重较低；随着经济的发展、生产能力的增强，满足社交需要、尊重需要的产业迅速发展，比重提高；最后，满足人的自我实现与发展需要的产业大量发展，在产业结构中比重大幅提高。

（四）产业结构演进升级的动力

1. 生产效率的提高和技术进步程度，是产业结构升级的供给侧动力。第一，较低层次产业为主导的产业结构之所以能向更高层次的产业为主导转变，究其原因在于现有产业劳动生产率的提高。随着技术进步，现有产业技术进步的程度使较少的劳动力和资源投入能够逐渐满足全社会对该产业的基本需要，从而将大量的劳动力和资源从较低水平的产业中解放出来，使之可以投入到更高层级的产业中去。

第二，技术进步是一个循序渐进积累的客观过程，现有产业在其运营发展过程中，生产工艺得到锻炼提高，生产经验不断积累，从而为后续相对高端产业（其中不少是更先进的、对技术要求更高一级的产业）提供可行的技术支撑。

2. 全社会有效需求的拉动，是产业结构升级的需求侧支撑和动力。

产业的发展需要市场容量的支撑，市场即需求，因此产业发展的必要条件在于规模需求的形成。没有足以支撑产业发展的一定规模市场，产业发展就是无源之水，难以为继。市场需求是有效需求，它取决于两个决定性因素，一是人们的需要，这取决于人们对当前需要的满足程度和后续需求的形成，例如只有人们对生存需要实现了基本满足，才能形成对社交休闲娱乐等产业的批量需求，成为对这类产业的支撑；二是人们的收入能力、富裕程度。

3. 竞争状况。包括：现有产业的竞争、新老产业资本的力量对比、不同国家产业结构的竞争。

现有产业的竞争充分将促进生产效率的提高和技术不断进步，为解放资源从而产业结构的升级创造条件。产业内部各企业之间的竞争，使企业为获得更多利润，避免被淘汰纷纷提高投入产出效率，企业投入产出效率的提高，将造成整个产业投入产出效率的提高，产业投入产出效率的提高将使运用较少的资源就可以满足社会需要，从而解放资源，为开发新产业、为资源向新产业转移创造了条件。不同产业之间的竞争充分，要素自由流动进出各产业，将促进各产业的充分发展，为资源的解放和新产业发展创造条件。

新兴产业能否顺利发展，还取决于新老资本之间力量的对比。凭借新兴产业发展起来的资本是新资本，原有产业的资本是老资本。新资本力量薄弱，老资本会通过种种手段抑制新资本的发展维护既得利益，如：购买新产业的技术束之高阁，利用法律限制新经济领域来抑制新资本，通过反垄断法肢解新资本以削弱单个新产业资本的发展态势。微软公司被反垄断，互联网企业被实体企业限制，本质上就是老资本对新资本的打压。

也许有人会说，如此说来，新资本永远无法战胜老资本，因为新资本出现时一定比老资本弱小。本书认为，事实上，新资本与老资本会一直处于角逐较量之中，博弈斗争是作为一个长期过程存在的。当量变引起质变，新资本的力量超过老资本时，新资本就会战胜老资本。

新老资本博弈过程中，老资本对新资本的上述压制，其影响具有复杂性，对社会经济既有消极影响也有其积极价值。从一方面看，老资本对新资本的打压，限制了新产业的发展，抑制了新技术和新形式对经济的引领推动，削弱了经济的活力，不利于经济增长；但另一方面，新产业的出现、新业态运作方式对其他产业和整个国民经济的宏观影响有一个逐步显现和得到认知的过程。新技术的成熟程度具有不可预见性，使得新产业如果在短期内大量快速繁育必然给国民经济带来较大不确定性，使经济充满风险，而老资本对新资本的压制使其一定程度放缓，缓解新产业发展引起的经济震荡，有利于经济稳定。

不同国家之间产业结构的竞争，对一国产业结构演进存在现实影响。当今世界，处于国际分工中的任何国家，都无法避免其他国家产业结构带来的影响，而关闭国门拒绝国际分工只会减少本国产业可获得的技术经验营养和市场空间，从而发展更加缓慢。发达国家相对较高的产业结构，对发展中国家产业结构的演进具有两方面相反的作用：示范效应和先机效应。一方面，发达国家的产业结构对发展中国家来说是一个示范，为发展中国家产业结构的演进方向提供了指引和经验；另一方面，由于发达国家在国际分工中已经占据了高端产业的优势，对发展中国家产业结构的演进形成压力，增大了向上突破的难度。

第七节　产业结构的高级化

一、产业结构高级化的概念

产业结构高级化，又称产业结构高度化，是指新兴产业、高附加值产业在各类产业中所占比重逐步提高的过程，特别指先进技术产业不断发展，其先进程度在各国出现比较优势，其比重在该国产业结构占比不断提高的过程。

二、产业结构高级化与产业结构演进升级的关系

严格意义说，产业结构高级化是产业结构演进升级的一种趋势和一部分。按照本章前述的产业结构演进升级理论基本范式，可以看出，产业结构高级化实际上已将产业划分为劳动密集型产业、资本密集型产业和技术密集型产业，或低附加值产业与高附加值产业，再或是低技术产业、一般技术产业与高技术产业为分类基础，从技术进步角度概括产业结构由低向高的演进升级过程。只是因为产业结构高级化对一国发展战略具有重要作用，因此从产业结构演进升级中分列出来进行专门研究。

第八节　国家调整产业结构的可行性与限度

为与其他国家竞争，有些国家存在人为选择产业结构发展方向、选择扶持特定高技术产业的做法。那么国家可以人为决定产业结构演进升级的发展方向或人为实现产业结构高级化吗？

不可以。只可以在有限程度和范围内发挥引导和推动作用，但是无法人为实现高级化和直接决定发展方向。

第一，如前所述，产业结构高级化是产业结构演进升级的一种趋势和一个组成部分，因此，其必然受到前述产业结构演进升级影响因素的制约。

1. 产业发展需要有效需求的支撑，而人为选定的高技术产业缺乏全社会有效需求支撑。有效需求是需要与收入的复合体，而收入与生产水平本来就是经济这枚硬币的两面。很难想象一个高收入国家，技术水平还比较低下、需要政府人为扶持高技术产业。高收入国家之所以拥有高收入，正是因为其已经拥有了大量高技术、高附加值产业，在国际分工中处于比较优势地位。因此，一国的产业高度与该国人民的总体收入水平在客观上一定是大致相当的，一些中低收入国家人为刻意发展高技术产业、提高产

业结构的高度，结果是拔苗助长，产品需求不足，产业得不到需求支撑，发展难以为继。

2. 产业技术发展需要一个渐进的过程，需要其他配套产业、配套技术的支撑。人为选定一个或几个高技术产业去发展，在人类社会生产力相对较低的时代或许还可行，因为那时相对而言的高技术产业也没有高到哪里去，技术程度本质上并不复杂，对其他产业技术的综合依赖程度也不高，因此可以专项突破解决，即使是这样，所耗费成本远比正常产业发展高出许多倍。但是，与当今生产力水平相对的高技术产业，已无法在较低生产力水平上通过专项研发解决：它所需要的技术复杂程度必须是一个扎实渐进的积累过程，远非一朝一夕可以解决；它所需要的相关配套技术支撑，涉及门类广阔，包括设计、制造、生产设备、新材料，甚至基础科研，需要国家综合素质的提高，远非仅靠专项攻坚可以实现。

第二，事实上，即使投入巨额财力勉强建立高技术产业，人为实现高级化，也必然是无根基的虚假繁荣和不可持续的昙花一现，最终只有两种殊途同归的结果：或者陷入产业停滞、泡沫破裂，或者走向发动战争。这是因为，人为扶持、勉强建立的高端产业，虽然或许使一国在短期内迅速实现产业结构高级化，并带来经济迅速增长，但由于脱离了人们的收入水平和购买力，无法获得持续的规模需求支撑，超出了本国整体技术水平，缺乏后续技术的持续跟进，最终必然成为无源之水，陷入发展停滞、产业瓦解、泡沫破裂与资源浪费，正可谓"成也萧何，败也萧何。"那么为何会走向发动战争呢？当一国人为建立的高技术产业出现了上述缺乏规模需求、难以为继苗头时，如果决策者采用政府大量购买产品的办法来创造需求、维持产业继续发展，则很有可能走上发动战争之路。这是由于，一方面从高技术产品本身特性上看，科技水平相对较高很容易被运用于军事；另一方面从政府职能看，军队恰巧也是政府管理的公共产品，政府将购买来的高技术产品用于军队最为方便。

1933年希特勒实际成为德国最高领导人后，决定将当时的高技术产业汽车业作为产业结构高级化的重点，实施"国民汽车计划"，强行推进汽车产业发展。高科技产业的发展使德国经济迅速增长。然而到1937年，由于脱离人民的收入水平和社会需求，汽车大量积压，面临着繁荣破裂的危险。希特勒决定政府予以购买，将民用汽车生产线改造为生产坦克、军车，采用政府购买方式创造需求维持繁荣，发动战争，走上了不归路。

第三，促进产业结构高级化的正确做法，根本方法是建立公平竞争的市场环境，放宽市场准入，促进要素自由流动，鼓励资本自由进入产业以强化竞争，通过竞争促进产业发展和技术更快进步。在此基础上，政府可以通过财政货币政策发挥一定程度的推动作用，如制定高技术产业目录，给予财政补贴或折旧政策支持等。通过上述方式引导发展壮大的产业，与该国现实技术和有效需求并不遥远，具有技术基础和需求支撑，是该国技术和收入可取得的产业高度，是该国经济水平可实现的产业结构高级化。

与产业结构高级化相关的一个问题：国家可以选择未来科技的突破方向吗？

不可以。国家只可以选择其重点投入领域，但无法奢求结果。

如本章前述，一个产业的出现与兴起，取决于需求、本产业及相关配套产业的技术进步、竞争状况。国家是可以选择重点研发投入领域作为其公共产品的，国家选择重点投入的科研领域，等于解决了需求问题，国家承担起拥有购买力的消费者角色。但是，当今时代一项新科技的诞生和突破需要的配套领域非常广泛，有些潜在配套还是未知的。更为重要的是，就科研突破而言，即使是最伟大的科学研究者也不能准确预见科学的下一个突破点会在哪里，政府作为行政管理当局更是无法预见，这是科学发展的自身规律和不确定性决定的。因此，国家可以选择重点投入的科研领域，但最终能够在哪些领域实现突破，是可遇不可求的。

第九节　本章小结

本章回答的主要问题：（1）产业发展和产业结构状况是哪些因素决定的？（2）什么是产业结构失衡？解决结构失衡的措施是什么？（3）现有产业结构不符合管理者期望应当如何解决？（4）产业结构演进升级的客观

规律与未来方向是什么？其动力和阻力有哪些？（5）国家可以人为决定产业结构演进升级的发展方向或人为实现产业结构高级化吗？

本章在分析产业发展影响因素、产业结构影响因素的基础上得出：（1）产业的发展、产业结构的状况，归根结底，是由供给、需求和竞争因素决定的。（2）关于产业结构失衡的治理，一般来说，在市场机制能正常发挥作用的情况下，产业结构失衡可由市场的资源配置机制自发纠正；如果失衡长期存在，则说明该国的市场机制不健全，需要对阻碍资源自由流动配置的根本性问题进行纠正。（3）使产业结构向管理者期望方向发展，应采用引导方式，通过改变产业的生存发展条件，改善产业结构的影响因素，逐步培育产业、调整结构；在产业生长环境没有改变的情况下强行改变产业结构、推动或抑制产业发展，是极其困难的。

本章的理论和实践贡献在于：（1）提出了产业结构均衡与失衡的判断标准。判断产业结构是否失衡，不能以管理者对产业结构的主观偏好为依据，而要以产业规模与市场有效需求规模是否匹配、是否合乎客观比例为依据。衡量是否符合客观比例的指标是产业的利润率。利润率高说明产业发展不充分，利润率低说明产能过剩，产业间利润率差别大说明结构失衡。（2）区分了产业结构失衡与产业结构不符合管理者期望的区别，澄清了在经济管理实践中常遇到的模糊判断，相应提出治理措施。（3）提出了新的、适用性较三次产业结构更为长期的产业结构演进升级理论。（4）提出了产业结构演进升级中的动力。（5）基于产业结构影响因素，提出了产业结构高级化的关键因素：竞争与政策支持，否定了管理者人为选择确定科技产业发展方向的可行性。

第十三章　区　域　结　构

第一节　区域结构的内涵与度量

一、区域结构的含义

区域结构，是一国不同空间地理区域的经济发展程度和主要产业的对比分布态势，是生产力在空间区位的分布。

二、区域结构的主要内容与度量指标

区域结构主要包括两个方面：发展程度结构（区域贫富结构）、产业分布结构（产业区位结构）。前者主要反映区域发展在量上的差异，后者主要反映区域发展在质上的差异。

本书将区域发展程度结构用两个指标反映。（1）区域发展离散系数 $CV = \sigma/\mu$。指一个国家各地区的经济发展指标（通常可使用人均 GDP 指标）标准差除以该指标的均值，用于反映从一国总体看区域发展差距。

（2）各地区相对发展程度 $\rho_i = \dfrac{Y_i}{n_i} \Big/ \dfrac{\sum Y_i}{\sum n_i}$。指每个地区人均 GDP 与全国人均 GDP 的比值，用于反映该地区经济发展水平与全国平均水平的相对程度。

第二节 决定区域结构的主要影响因素
（区域结构静态研究）

从某一时点看，一国现有区域结构，是在多种复杂因素共同作用下形成的；然而究其根本，在于这些因素造成了区域间要素比较净收益的差别，由此形成了不同的区域发展程度和不同的产业分布。

一、直接因素

（一）自然禀赋和区位条件

该因素既影响区域贫富结构也影响产业区位结构。

河流两岸的地区，在工业时代由于运输便利，在农业时代由于土地肥沃，具有区位优势，往往优先得到发展，富裕程度较高；而远离河流的地区发展相对滞后。

沿海地区自然会有渔业产业的发展；富产矿石的地区比矿业资源匮乏地区更容易形成矿产采掘与加工业；而开采便利、矿物纯度高的产区又比开采困难、矿物纯度低的产区更容易发展起来。

（二）基础设施状况

该因素主要影响区域贫富结构。与特定产业相关的基础设施也会影响该产业的分布。

道路、桥梁、铁路等交通网，以及通信网络，这些基础设施，对于现代经济发展极其重要。基础设施完善地区能够取得发展优势，原因在于基础设施改变了原有区位条件并形成新的区位条件，基础设施在本质上就是"人工创造的区位条件"。

有些产业的发展对特定基础设施有依赖性，例如自动化市政管理产业需要建立在通信管网基础设施的基础上，故此类基础设施在各地的发展状况影响该产业的区域分布。

（三）要素的可获得性

该因素主要影响区域贫富结构。

劳动力和资本两大生产要素的可获得性与该区域经济发展成正比。如果某地区人烟稀少，劳动力资源极为短缺，劳动力可获得性极低，则很难发展；如果一个贫困地区始终无法获得经济起飞所需要的足够资本，它就无法发展。

（四）历史和文化

该因素既影响区域贫富结构也影响产业区位结构。

通常而言，经济发展需要一定基础和一个积累过程，而价值倾向、职业选择等理念更是深植于地区文化之中。这些无形因素的影响，使历史上比较富庶发达、经济观念比较强的地区，更容易发展起来。

产业往往有自身独特的技术特征，特定产业与特定技术相连。由于技术的传承性，使得技术特征较强的一些产业具有历史传承性和地域性。瑞士是生产手表历史悠久的国家，由于其独特的精湛工艺传承，至今瑞士手表产业在全球仍是霸主地位。

（五）国家的政策和管理措施

一般而言该因素主要影响区域贫富结构。国家的行政强制管理措施也影响产业区位结构。

国家的政策与管理措施，可以改变要素报酬水平，影响区域结构。例如，国家将大量人口迁徙至某地，则该地区的劳动力要素可获得程度大大提高；又如，国家在某地实施税收减免政策，由于税收对于资本而言是一项成本支出，减免税收使资本需要支付的成本降低，利润提高，则有利于该地区发展。

如果国家划定某区域用于某些公共产品产业，如用作科研、大学或者军事用途，则对该区域有直接影响。

二、根本因素

从根本上讲，**造成区域差异的根本原因在于要素效率不同：要素在不同地区投入产出取得的净收益不同，形成了区域贫富结构；要素投于同一产业，在不同地区取得的净收益不同，形成了产业区位结构。因此决定区域结构的根本因素是要素在不同区域之间的比较净收益。**自然禀赋、区位条件、基础设施等这些具体因素，归根结底，在于造成了不同区域之间要素净收益的差异，进而影响要素投入、经济增长和产业分布，最终形成区域结构。

1. 什么是净收益与比较净收益？要素收益是使用要素投入生产过程能够带来的收益（回报），要素成本是将要素用于生产过程所需付出的成本。收益减去成本后的差额是净收益。我们把单位要素在一地区可以取得的净收益超过在另一地区（或基准地区）可以取得的净收益的部分，称之为比较净收益。

2. 造成区域差异、形成区域结构的根本因素为什么是比较净收益？李嘉图认为区域结构的形成在于比较成本，本书认为在于比较净收益。

首先看区域贫富结构。要素在一个地区从事生产，既获得收益，也要付出成本，因此，不能仅考察比较收益或者比较成本。如果某地区要素获得的收益高而成本低，则该地区拥有明确的增长优势；然而经济现实往往是收益高的地区，成本也相对较高，而成本较低地区往往收益也不高。例如某地区由于自然禀赋、区位优势以及基础设施建设较为完善等条件，资本要素能够取得的收益高于其他地区。然而同样因为基础设施前期投入以及地理区位较好等因素，厂房等成本也比其他地区高些。假设在该地区资本要素可取得的收益与需要花费的成本相抵后净收益（利润率）相对于其他地区仍然较高，则资本要素会更多集中于该地区，有利于该地区发展。相似的，假设该地区劳动报酬较高，由于运输便利而生活成本不高，则劳动力取得的报酬扣除成本后得到的净报酬与其他地区相比存在优势，劳动力要素会更多集中于该地区，有利于该地区发展。但倘若该地区生活成本过高，劳动力取得的报酬扣除成本后得到的净报酬小于其他一些地区，则劳动力要素会从该地区流失，形成不利于该地区发展的因素。**要素追逐的是净收益最大化，引导要素在区域间配置的是比较净收益。还需要特别说明的是，经济发达地区并非所有因素都是有利发展的，任何地区都存在有利发展和不利发展的因素，成为经济发达地区的就是有利因素的力量更多更强的区域，反之则成为欠发达地区。**

其次看产业区位结构。某个产业由于自然条件、运输条件、政策因素等在某地区可以获得更高的投入产出比，该产业就会更多地布局、存在和发展于该地区，反之该地区与该产业就会相互淘汰。产业分布结构（产业区位结构）是不同地区的同一产业竞争的结果，是产业在不同区域自然淘汰的结果。

第三节　区域经济发展的动态进程
（区域结构动态研究）

一、区域经济发展的一般规律

1. 在一个国家，从区域的角度看，最先启动发展的地区是要素净收益（或投入产出比）具有明显优势的一批地区。这些地区既可以是当时的相对发达地区，也可以是当时的相对欠发达地区，但一定是由于自然条件、国家政策等种种因素使得单位要素投入能够获得相比其他地区明显较高净收益的地区。

2. 在发展初期，要素向该地区聚集是主要趋势，该地区成为要素净流入地，从而该地区在资本、劳动力的大量投入下取得快速发展，成为中心城市，而要素净流出地由于要素减少而陷于发展缓慢，区域间发展程度（贫富程度）差距拉大。

3. 当发展到一定阶段后，中心城市的要素开始外流，要素从中心城市向周边扩散、向其他地区流动成为主要趋势，中心城市成为要素净流出地，周边地区和相对落后地区成为要素净流入地，从而周边地区和相对落后地区在资本、劳动力的大量投入下取得快于中心城市的发展，区域间发展程度（贫富程度）差距缩小。

二、区域发展的启动：比较净收益的均衡被打破

区域经济出现较大发展、区域结构大幅调整需要启动要素，即某些地区比较净收益大幅提高，从而为要素追逐获得更高净收益提供动力和领域。

如果没有这样的因素出现，区域间要素比较净收益一直处于相对均衡状态，则要素没有流动动力，经济发展很难启动。一些经济欠发达国家的各地经济一直处于普遍低水平状态，正是因为没有打破既定低水平均衡的新因素。因此经济的初始启动力量要求打破既定均衡，实现非均衡增长。

使某些地区比较净收益大幅提高的原因可以是多样的，如重大资源的发现、管理当局出台了大幅税收优惠政策等。总之，打破了区域间比较净收益原有均衡格局，使要素得到了获取更高净收益的明显机会。

三、两个重要的效应：聚集效应和扩散效应

在上述区域发展的一般进程中，存在着两个重要的效应：聚集效应和扩散效应。聚集效应是指，在经济发展初期，要素向某些地区聚集，中心城市形成和崛起，导致区域差距拉大的效应。扩散效应是指，经济发展到一定阶段，要素从中心城市向外扩散，导致区域差距缩小的效应。

聚集效应和扩散效应是就要素运动的主流趋势而言的。事实上，在大量要素向中心城市聚集时，也同时有部分要素向外扩散；同样，在扩散效应是主要趋势时，也有部分要素向中心城市聚集。要素的聚集与扩散同时并存，相互交叉渗透。由于聚集与扩散相互交织，因此在聚集效应为主即

区域差距拉大的阶段也存在部分地区差距缩小的情况；在扩散效应为主即区域差距缩小的阶段也存在部分地区差距拉大的情况。

四、区域动态发展过程中从聚集效应到扩散效应的转折：主导因素与机制

在区域发展过程中，有一个从聚集效应到扩散效应的转变，其主导因素是区域间要素比较净收益的改变。其机制是，在经济发展初期，中心城市由于自然禀赋、区位优势、基础设施、政策因素等条件，资本能够得到相对于其他地区更高的净收益率（利润率），劳动力能够得到更多的净回报，资本和劳动力会流向该地区。随着资本和劳动力增加，一方面，激烈的竞争使要素收益被分摊而下降；另一方面，资源拥挤、人口密度增加导致基础设施建设遇到瓶颈，成本上升，从而使要素在中心城市取得的净收益减少，当中心城市的要素净收益比较优势或比较净收益下降到低于周边地区或其他区域时，中心城区的要素出现净流出，流入比较净收益较高的周边其他地区，聚集效应转变为扩散效应。因此，区域经济发展的基本动力在于要素对较高净收益的追逐。

五、产业区位结构的改变

同理，当由于基础设施、政策因素的变化，改变了某产业在不同区域可获得的净收益时，该产业出于追逐净收益的需要，其在各地区的分布结构将相应出现调整改变。

第四节 本 章 小 结

本章对区域的静态结构与动态发展进行了研究。回答的主要问题：（1）区域结构是由哪些因素决定的？（2）区域经济动态发展有什么规律？

（3）决定区域经济动态发展过程的主导因素是什么？

本章得出：（1）尽管区域差异的形成原因很多，但根本原因在于要素效率不同。要素在不同地区投入产出取得的净收益不同，形成了区域贫富结构；要素投入同一产业，在不同地区取得的净收益不同，形成了产业区位结构。因此决定区域结构的根本因素是要素在不同区域之间的比较净收益。（2）区域动态发展的一般规律：区域发展的启动在于比较净收益的均衡被打破；区域动态发展中存在聚集效应和扩散效应两种效应，两个阶段的转换在于比较净收益的改变。

本章的理论和实践贡献在于：（1）在区域结构的形成原因上，在李嘉图比较成本说基础上综合考虑要素收益与要素成本，提出决定区域结构的根本因素在于要素的比较净收益。（2）在区域经济动态发展规律上，提出主导因素在于区域间要素比较净收益的变化。（3）对区域经济动态发展过程中的资源运动进行了重新归纳：聚集效应和扩散效应。

第十四章　国家干预理论

第一节　国家干预经济的必要性

不稳定性是发展的动力。经济是不稳定的，但正是这种非稳定性，才是经济增长的内在不竭动力。投资是增长的发动机，创造着供给，投资在利润的驱动下具有增加产出和不断创新的冲动，推动着经济增长；但投资增长在推动经济增长的同时造成投资消费比提高也潜在地影响着经济平衡，给经济带来不稳定因素，同时供给创新是否符合需求也经济带来不确定性。消费需求具有易变性、灵活性，人们不断追求着新事物和更高需要，这不竭地创造着可供开发的广阔市场空间，提供着新的生产领域，创造了经济发展的无限可能；但同时也使供给始终面临着变化，面临应对变化的挑战，给供给带来不确定性、不稳定性。

然而，投资最终依赖于消费，消费决定着需求，消费是投资与供给的承载与实现。投资与消费如同动脉与静脉，动脉为全身提供养分与活力，但又需要静脉将血液输送回来，实现下一轮周转。投资与消费在一定区间内保持平衡是供给与需求基本平衡从而社会再生产持续进行的前提条件。

可见，来自投资和供给的冲动与创新、来自消费和需求的变化与升级，既给供给与需求相互带来不稳定因素，也提供着推动拉动经济增长的驱动与牵引力。供给和需求双方面，既不断打破着彼此之间、打破着经济运行原有的平衡关系，又在调整与适应中形成新的平衡。这是平衡不断被扬弃的过程，也是供给与需求共同由小到大、由简单到复杂、由低级向高级的规模增加、质量提升过程，是经济发展历程。

综上，（1）均衡不是因均势而趋于静止的稳态，而是具有内在冲动、彼此不断调整适应的动态均衡；（2）不稳定性、非平衡性是经济增长与发展的动力源泉，消灭不稳定就消灭了经济运动与增长；（3）宏观调控需要兼顾但不宜过分强调经济稳定目标，否则易导致增长动力丧失和发展停滞。

第二节　国家干预经济的目标和原则

一、国家干预经济的目标

国家干预经济的目标是，实现经济稳定增长。包括两层含义：一是反周期目标，或称宏观调控目标，即从当前看，将经济波动控制在人民能够承受的范围内，保障社会稳定；二是制度建设与维护目标，即从长远看，需要维持市场经济制度的良性运行，保持良好市场环境，防止和化解再生产过程中积累的矛盾，保障社会再生产顺利进行。

第一，对于第一层含义即宏观调控目标，通常教科书细化为以下具体目标（指标）。

1. 充分就业。它同时促进经济稳定与经济增长目标。充分就业是指失业率等于自然失业率时的状态，即仅存在自然失业（摩擦性失业、结构性失业）和自愿失业，不存在周期性失业，就业比较充分的状态。经济管理实践中通常用失业率作为反向反映就业情况的主要指标，失业率 $= \dfrac{失业人口}{满足就业条件人口} \times 100\%$ ，一国把总体失业率控制在较低范围之内，既有利于社会稳定，又有利于经济增长。

2. 物价稳定。这属于经济稳定目标。经济管理实践中通常用价格指数作为反映物价稳定情况的主要指标，价格指数 $= \dfrac{现期价格}{基期价格} \times 100\%$ ，价格指数要相对稳定，不出现严重通货膨胀或通货紧缩。

3. 经济增长。这属于经济增长目标。是一定时期内经济社会生产的经济总量（通常用 GDP 表示）、人均产出和收入（通常用人均 GDP 表示）的不断增长。这是经济社会发展的前提，国家和人民富裕的条件。经济管理实践中通常用 GDP 增长速度或人均 GDP 增长速度作为反映经济增长情况的主要指标，GDP 增长速度 = $\dfrac{\text{GDP 增量}}{\text{基期 GDP}} \times 100\%$，人均 GDP 增长速度 = $\dfrac{\text{人均 GDP 增量}}{\text{基期人均 GDP}} \times 100\%$。

4. 国际收支平衡。这属于经济稳定目标。净出口是社会总需求的一部分，既要避免进口过多造成国内供过于求的情况，也要避免出口过多造成国内商品少、货币多的供求失衡局面，保持国际收支基本平衡是实现经济稳定的一项内容。经济管理实践中通常用顺差或逆差作为反映国际收支平衡的主要指标，顺差 = 出口额 - 进口额值为正，逆差则其值为负。

第二，对于第二层含义，维持市场经济制度的良性环境，防止和化解再生产过程中积累的矛盾，保障社会再生产顺利进行，鲜有教科书提及。然而只有维护健康规范的市场经济制度、良好的市场环境，才能保障经济持久发展，这主要通过立法、司法、执法进行维护。可细化为两项目标。

1. 防止和消除垄断与壁垒，维护要素自由流动和自由竞争制度。在市场的自发运行中，竞争会异化出垄断，虽然最初许多胜出者是通过优胜劣汰的竞争机制取胜的，然而在市场中占据优势地位后，有些会设法通过非市场的简单办法获益，例如通过政府设置行政性的市场准入门槛，排斥来自其他行业和区域的竞争，以行政的办法保护其既定市场地位和垄断收益。只有持久防止和不断消除垄断的腐朽性对自由竞争的侵蚀，才能维护市场经济体制优秀的资源配置效率与活力。

2. 适度调节社会收入分配，兼顾效率与公平，保障再生产接续运转条件。经济是一个周而复始的系统，消费既是生产的结果，也是商品得以实现和再生产得以继续运行的条件。消费又依赖于收入。然而由于个人能力的差异、厂商竞争力的差异，以及人们初始占据资源不同，市场的自发运行会形成较大的收入分配差距，根据边际消费倾向递减规律，收入两极分化，高收入人群的边际消费倾向低，会使整体社会的需求不足，妨碍社会再生产的顺利实现。为此，应当在坚持效率的同时，把社会收入分配差距控制在一定范围内，才能使产出得到销售和消费，保障经济持久发展。

二、宏观调控应掌握的原则

宏观调控的核心原则是提高宏观调控的有效性。1. 我们采取干预经济的措施，最终是为了收到效果，发挥对经济的调控作用。2. 宏观调控必须运用资源。社会资源是有限的、极其珍贵的，我们必须争取运用较少的社会资源、在较小代价的条件下尽量取得最显著的预期效果，这是每一个经济管理者应有的使命感。3. 经济就是人民的生产生活，干预经济必然对人们既定的生产生活形成一定的影响和改变，本着对人民、对社会负责的态度，我们出台措施必须慎之又慎，避免反复试错，朝令夕改，影响人民生活，延误发展良机，这是每一个社会管理者应有的责任意识。

如何提高宏观调控的效率？应当遵循以下具体原则。

（一）找准问题的症结

从本书通篇结构可以看到，经济增长速度、价格水平、失业率、结构矛盾等，都是经济运行的表象，而不是经济问题本身，经济运行状况是经济问题的反映。

由于经济系统的复杂性、经济因素的相互影响，使经济运行状况不是直线式、直接地反映经济矛盾问题，而往往是曲折地、甚至歪曲颠倒地反映经济系统的矛盾问题。比如，有些看似需求侧的问题，实际上是供给侧的问题，如收入水平低、市场需求小，有可能是生产能力、国际竞争力低下；有些从表面上看是供给侧的问题，实则是需求侧的问题，如高端消费品奢侈品主要来自进口，可能是本国收入分配差距过大，高端需求不足以为本国制造业提供充分的市场需求支撑。

因此，经济运行状况与背后的经济矛盾问题之间是现象和本质的关系，却不是简单的、直线的、表面的联系，而是复杂的、相互影响但有序的辩证关系。这需要经济管理者运用经济理论，用深刻的眼光洞察和分析经济运行与背后的经济矛盾的联系。否则，如果矛盾问题找错了，方向错了，则会南辕北辙，越走越远。

（二）选对政策工具

选对政策工具，宏观调控就成功了一半。特定的政策目标、特定的经济矛盾问题，用正确的工具解决，往往事半功倍；而使用不恰当的政策工具，往往运用力度很大、资源投入极大，甚至已经对经济系统的其他方面产生了许多负面影响，也没有完全达到调控预期效果。

（三）把握调控力度和节奏

从调控政策实施到起效，再到彻底解决问题，经济变量之间需要一个客观的传递政策效应的过程，这一定程度会形成时滞，有时政策出台了，但情况又发生了变化。为此，一方面应当提前预判经济运行情况，未雨绸缪，对经济运行中的端倪提前进行深入分析；另一方面，出台政策措施不能用力过猛、急于求成，要对尚未显现的效果进行观察和估计，控制好政策力度。

第三节　宏观调控政策分类

按照不同的坐标，对宏观调控政策可进行多角度分类。

一、按照工具手段，分为财政政策、货币政策

财政政策，是通过财政管理当局掌握的各项政策工具干预经济运行的宏观调控政策。

货币政策，是通过货币管理当局掌握的各项政策工具干预经济运行的宏观调控政策。

二、按照调控对象，分为产业政策、区域政策、价格政策、就业政策等

产业政策，是指调节产业发展、影响产业结构的一系列政策措施。

区域政策，是指调节地区发展、影响区域生产力布局的一系列政策措施。

价格政策，是指以物价水平为管理对象，影响价格、治理通货膨胀或通货紧缩的一系列政策措施。

就业政策，是指以就业率或失业率为管理对象，旨在促进就业、降低失业的一系列政策措施。

三、按照调控目标，分为总量政策、结构政策

总量调控政策，是指以社会总供求平衡关系即总量平衡作为调控目标的一系列政策措施。

结构调控政策，是指以优化和改善结构、治理结构不合理作为调控目标的一系列政策措施。

四、按照是否需要人为操作，分为自动稳定器制度、相机抉择政策

自动稳定器制度，是通过经济系统各要素之间的内在联系来自动调整与稳定经济运行的制度设计。

相机抉择政策，又称逆风向调节、斟酌使用的政策，是管理当局根据经济运行状况采取的对冲经济周期、促进稳定增长的宏观调控政策。

第四节　总量政策的有效性

之所以将总量政策的有效性单独拿出来探讨，是由于关于总量政策是否能够影响实际产出，是否能够对实际经济运行发挥干预，理论界一直在争论。

一、主要经济学流派关于宏观政策（本节仅指总量政策）有效性的观点

（一）凯恩斯主义

凯恩斯主义认为，国家掌握的资源如同蓄水池的作用一样，主张通过财政政策和货币政策对社会总需求进行管理，达到促进或抑制经济增长的目的。当需求不足、经济衰退、出现失业时，政府应采取扩张性的财政、货币政策，扩大政府支出、减税、增加货币供给量，弥补总需求不足；当需求过度、经济过热、通货膨胀时，政府应采取紧缩性的财政、货币政策，增加税收、削减支出、减少货币供给量，抑制过度需求。

（二）货币主义

货币主义一是否定财政政策的有效性，认为财政政策归根到底是通过调整货币供给发挥作用的，并认为政府支出对私人支出存在挤出效应，会造成私人支出的减少。二是认为在长期上货币供给对名义收入有决定作用，影响价格和其他以货币表示的量，对实际收入没有影响；在短期上货币供给可以影响实际收入，但反对斟酌使用货币政策，认为经济系统可以自行趋于稳定。由于时滞性，政府出台调节政策发挥作用时往往经济系统也进行回调，反而加剧经济波动。因此，货币主义主张"单一政策规则"，即废除一切多余的政策和调控手段，以平均经济增长率＋人口增长率，确

定一个公开宣布、长期执行的货币增长率，即可保持经济长期稳定。

（三）理性预期学派

理性预期学派完全否定财政政策和货币政策的有效性，认为一是由于厂商和居民具有理性预期，其决策是有理性的正确决策，可以预见到并采取行动对冲宏观政策，因此可以预期到的宏观政策无效。二是只有未预期到的不规则的货币供给量变化才能影响实际产量，但同时也制造经济周期。三是主张实行自由主义经济政策，反对国家干预经济，主张制定并公布长期不变的原则，稳定公众预期。

二、本书关于宏观政策有效性的观点

（一）基本观点

本书认为，1. 政府支出构成社会总需求的一部分，货币参与经济活动，在经济系统中必不可少，财政和货币是经济系统的重要组成部分。任何事物，一旦成为总体的一部分，其行动必然会对总体产生影响，使它客观上拥有对总体施加影响和调整的一定能力。财政和货币作为经济系统的组成部分，必然能够对经济系统施加影响。2. 评判宏观政策的有效性，研究其作用条件与作用大小，首先要分析它对社会总供求的影响机制，在此基础上再进行判断，因此接下来我们首先分析两个政策的作用机制然后再进行判断。

（二）财政政策的有效性

1. 财政政策对经济的影响机制。从财政政策工具的运用可以看出，当经济衰退时，财政政策增加政府支出、削减税收等，或直接形成社会总需求的一部分，或使居民可支配收入和企业利润增加，鼓励消费和投资，增加消费需求、投资需求，使社会总需求增加。需求的增加，需求超过供给，在供求价格机制作用下虽然会使价格上升，但需求的增长也会对供给产生刺激作用，引导产出增加。

2. 财政政策干预经济模型。图 14-1 是财政政策增加政府支出对经济运行的影响模型。图中，社会总供给曲线的中段（主体部分）向右上方倾斜，表示通常情况下供给是价格的增函数。末端部分为垂直于横轴的直线，反映总供给是受到既定的社会资源条件限制的，即使价格再高、需求再大，产出受到既定资本存量、劳动力等生产能力的制约也不能无限增大。起始部分为水平于横轴的直线，表示在一个较低范围内的价格不足以对总供给增加产生引导动力。因此总供给曲线由上述 3 段组成。与之相似，社会总需求曲线的中段（主体部分）向右下方倾斜，表示通常情况下需求是价格的减函数。起始部分为垂直于横轴的直线，反映价格再高，也有一定的基本需求存在。末端部分为水平于横轴的直线，表示需求再大，价格也存在基本维持水平，不能低于成本。因此总需求曲线也由 3 段组成。

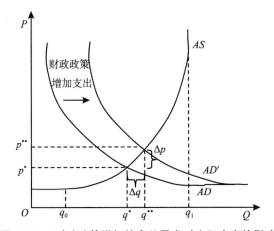

图 14-1　财政政策增加社会总需求对实际产出的影响

从图 14-1 可以看出，扩张性财政政策实施增加的政府支出、减少的税收，使社会总需求增加。在总供给曲线的中段（主体部分，从 q_0 到 q_1 区域），扩张性财政政策引起的社会总需求增加，一方面拉动实际产出增加 Δq，实际产出从 q^* 增至 q^{**}，这是财政政策的实际效果；另一方面推动商品价格、货币价格（利率）提高 Δp，价格从 p^* 上升至 p^{**}（价格变化是在总供给曲线中段这一社会资源通常利用程度下供求对比变化的正常结果，是供求价格机制的一般作用，表明厂商未对扩张性财政政策增加的全部需求进行完全地供给响应），价格提高对社会需求形成挤出效应。可见，扩张性财政政策增加的需求被分解为两个部分：一部分形成实际支出的增加，另一部分形成商品价格、货币价格（利率）上升和挤出效应。就扩张性财政政策对经济系统的一次性影响而言，有：财政政策增加需求的平方 = 产出效应的平方 + 挤出效应的平方，$E_G^2 = E_Y^2 + E_{CO}^2$，其中：E_G 代表扩张性财政政策增加的政府支出、减少的税收等增加的社会总需求，E_Y 代表财政政策增加实际产出效应，E_{CO} 代表挤出效应。

当总需求曲线 AD 与总供给曲线 AS 起始部分即水平于横轴的直线相交（实际产出小于 q_0）时，总需求曲线向右移动只带来实际产出增加，不会使价格上升，即该产出水平不存在挤出效应，财政政策拥有完全的产出效应。这是因为此时社会产出水平太低了，资源处于大量闲置状态，政府增加支出调动了一些资源，但社会资源仍然大量闲置以至于价格没有改变。而当总需求曲线 AD 与总供给曲线 AS 末端部分即垂直于横轴的直线相交（实际产出已达到 q_1）时，总需求曲线向右移动不会带来实际产出增加，只会使价格上升，即该产出水平存在完全的挤出效应，财政政策无法产生增加实际产出的效果。这是因为此时社会产出水平已经太高了，资源处于充分利用状态，政府增加支出无法调动社会供给。

3. 相关结论。由上述分析得出。

（1）总体上看，从财政政策造成供求对比变化拉动供给的作用机制可以看出，财政政策可以影响实际产出和实际经济运行，因而财政政策干预经济运行具有有效性。

（2）具体地看，通常情况下虽然财政政策确实会产生挤出效应，但仍然具有增加实际产出的效应，只有在产出水平已经很高、社会资源已经充分利用的特定情况下，扩张性财政政策才会全部形成挤出效应而无实际产出效应。重要的是，在经济管理实践中，当我们打算使用财政政策刺激经济增长时的经济形势，一定不是产出已经很高、社会资源充分利用的总供给曲线末端状况，而是经济衰退或萧条阶段，产出处于总供给曲线的中段或者起始位置。在这两个阶段存在未被充分利用的资源闲置和产能，扩张性财政政策增加的需求不会全部转化为商品价格和货币价格（利率）上升，而是会对厂商增加产出产生激励，拉动供给增长，因此从运用财政政策所处的环境条件看，财政政策也是满足产生实际效果的条件的。

（3）从传导上看，财政政策直接形成需求，改变总供求对比，刺激供给增加，它并非必须通过利率发挥作用，只是客观上、一定程度上影响利率。

（4）从政策应用前提和政策适用性看，财政政策的效果与社会资源利用程度密切相关，适用于社会资源利用不足引起的经济萧条和社会资源过度利用引起的经济过热，即经济体制规范健康条件下的周期需求波动。如果不是周期波动原因，而是经济体制不规范不健全，运转机制出现了系统性问题，财政政策是无法解决的。

（5）财政政策上述对经济运行的作用机制也决定了财政政策的运用原则应当对社会总需求是补偿性的：当社会总需求不足时，增加政府支出予以补足；当社会总需求过旺时，减少政府支出予以平抑。财政的平衡原则不应是追求自身的平衡，而是以社会总供求平衡为目标。

4. 财政乘数效应及本书的探讨。主流经济学的财政乘数。财政政策作用的大小不仅是其收支增减对社会总供求的直接影响，它对社会总供求存在连锁影响，能够引起一系列变动。对此主流经济学认为，它的作用与社会资本投资类似，由于社会资本投资引起的连锁倍增影响称为投资乘数效应（见第九章），因此财政政策引起的连锁倍增影响称为财政乘数效应。财政乘数包括政府购买支出乘数、税收乘数、转移支付乘数、平衡预算乘数。

在增加考虑政府部门对经济活动的参与影响后，一个社会的国民收入与支出平衡公式调整为：$Y = C + I + G = \alpha + \beta(Y - T) + I + G$，其中，$T$ 为税收额，G 为政府支出。解出 $Y = \dfrac{\alpha + I + G - \beta T}{1 - \beta}$。根据该公式，得到以下财政乘数：

政府购买支出乘数，是指政府购买支出每变动 1 元引起的国民收入变动：

$$k_G = \frac{\Delta Y}{\Delta G} = \frac{1}{1 - \beta} \tag{14.1}$$

税收乘数，是指税收每变动 1 元引起的国民收入变动：

$$k_T = \frac{\Delta Y}{\Delta T} = \frac{-\beta}{1 - \beta} \tag{14.2}$$

转移支付乘数，是指转移支付每变动 1 元引起的国民收入变动：

$$k_{TR} = \frac{\Delta Y}{\Delta TR} = \frac{\beta}{1 - \beta} \tag{14.3}$$

平衡预算乘数，是指政府预算保持平衡，收入预算和支出预算同时变动 1 元引起的国民收入变动：

$$k_B = \frac{\Delta Y}{\Delta G} + \frac{\Delta Y}{\Delta T} = 1 \tag{14.4}$$

从上面可以看出，政府购买支出乘数与投资乘数相同，税收乘数和转移支付乘数比投资乘数和政府购买支出乘数略小。根据 $\frac{1}{1 - \beta} - \frac{\beta}{1 - \beta} = 1$，政府购买支出乘数与投资乘数比税收乘数和转移支付乘数多 1，政府购买支出和投资对经济的扩张作用比税收和转移支付多 1 倍。其原因在于，政府购买支出和投资的起点是购买商品，直接帮助社会商品实现为收入，税收和转移支付的起点是货币资金，因而税收和转移支付比政府购买支出和投资少了 1 份最初社会商品的实现。

对财政乘数效应的探讨。（1）经济是一个内在联系的系统，任何一项收支都不是孤立的存在，而是能够引起连锁反应，乘数原理具有重要的理论价值和政策实践意义。支出、购买不能被朴素地理解为消耗和浪费，站在社会再生产周而复始运转的角度考察，支出、购买是社会产品得以实现为国民收入的关键，是引导投资、启动经济的重要条件。（2）财政乘数效应是有前提条件的。上述财政乘数，均是在假定如果政府不集中使用这部分资金，社会就不会主动使用这部分资金，即该部分收入处于闲置状态，不构成对商品的有效需求的情况下得出的。因为如果社会公众原有计划使用自己的这部分资金购买商品服务，那么政府集中收支只是减少了社会公众的收支来增加自己的收支，产生了挤出效应，并没有额外增加全社会交易量，没有增加社会产品的实现。财政乘数效应的实质是，政府在社会公众没有购买意愿、持币待购，从而社会产品面临缺乏需求而无法得到顺利实现时，政府代替社会公众启动购买，盘活交易，使社会产品得以实现。（3）乘数并不能涵盖一笔收支对国民经济的全部影响，因而有其片面性。乘数效应是主流经济学的重要内容，然而乘数效应很容易给人们这样一种判断，即政府收支具有与社会投资扩张经济相同或相近的能力，可以替代社会投资。然而事实上，乘数只是反映了支出引起收入的连锁反应，但是没有反映支出形成的资产对社会生产的作用，而后者对社会再生产存在后续影响。虽然厂商和政府同样购买商品，同样通过收支引起了国民收入的连锁增加反应，但是厂商往往是生产性支出，其投资形成生产性资产，在接下来的社会生产活动作为存量资本、生产要素持续生产产品、创造收入；而政府购买支出，即使政府购买机器设备，也不会以此生产商品从事市场活动，其购买的资产通常不会再参与到社会再生产和社会财富的创造过程。在支出形成的资产对社会生产的作用上，政府支出的作用显然小于社会支出的作用。所以，乘数论单就支出引起收入支出的连锁反应一方面，而没有考虑政府支出的消费性与厂商支出的通常生产性这样另一方面的差异，来说明政府支出拥有与民间支出同样的扩张经济的作用，是不全面的。就收支连锁反应的乘数效应方面，政府支出的确与民间支出作用相同，但就支出形成的资产作用而言，政府支出的作用弱于民间支出，因此就总体而言，政府支出对启动经济的作用弱于民间支出。（4）相关结论。综上，如果社会既可以自发地由民间进行支出也可以由政府加以集中支出时，应当尽量鼓励民间自发支出，不应以政府集中支出加以替代，以避免政府支出挤出民间支出降低应有的产出水平，发生挤出效应。如果民间投资和消费严重不足，政府可进行投资和消费，虽然政府支出后续在形成资产上对经济的帮助不如民间投资，但也可通过增加支出发挥乘数效应，在收支连锁扩张方面起到带动经济的作用。

综上，财政政策并非像凯恩斯主义所说的那样万能，也并非像货币主义和理性预期学派所说毫无用处甚至只会制造麻烦。财政政策对调节实际产出、干预经济运行是有效的，其政策运用具有一定程度的连锁带动的乘数效应；但其发挥作用是有条件的，受到社会资源利用状况的影响；财政政策是有政策适用性的，主要适用于对周期性社会总需求波动进行补偿，无法解决垄断、壁垒等体制问题等造成的停滞衰退或过热；其运用有一定的副作用——挤出效应；其乘数效应的作用受制于客观条件不如理论描述那样强大。当民间自发支出和社会需求能够保证经济在一定幅度内波动前行、不至造成严重不稳定时，应当尊重市场的调节，避免国家对经济的过多干预；当民间自发支出和社会需求波动过大造成严重不稳定，经济难以运行在正常轨道时，国家可以且应当采用政策予以调节。

（三）货币政策的有效性

1. 货币的实质。现代国家的货币是国家发行的、银行体系通过贷款派生创造的，因而是国家信用。纸币是国家强制使用的货币符号和央行债券；存款是商业银行发放贷款创造的。

设法定存款准备金率为 r_d，超额准备金率为 r_e（商业银行通常难以将其吸收的存款扣除法定存款准备金后全部发放贷款，未全部发放的部分为超额准备金），则实际准备金率为 $r_d + r_e$，商业银行可以发放贷款的比例为 $1 - (r_d + r_e)$。由于每家厂商得到贷款后都会将其存于开户商业银行，使商业银行体系具有连续不断的派生存款能力。与第九章所述投资乘数原理相同，货币创造乘数 $k = \dfrac{1}{r_d + r_e}$。假定商业银行吸收的原始存款为 R，则派生存款总额 $D = \dfrac{R}{r_d + r_e}$。

2. 费雪方程式和剑桥方程式。1911 年美国经济学家费雪在《货币的购买力》一书中提出交易方程 $Py = MV$，其中：P 为价格总水平或价格指数，M 为流通中的货币量，y 为实际国民收入，V 为货币流通速度。1917

年，庇古根据老师马歇尔的学说在《货币的价值》一文中提出剑桥方程$M = kY = kPy$，其中：M 为货币需求量，P 为价格总水平或价格指数，Y 为货币计量的国民生产总值（名义产出、名义收入），k 为货币流通速度的倒数。

3. 本书的分析。（1）货币发行的最终结果。根据费雪方程式和剑桥方程式，由于 V 或 k 为常数，流通中货币量 M 增加将使名义产出（名义收入）Y 相应增加，而这是由价格水平 P 上涨造成的，实际产出（实际收入）y 没有变动。（2）货币发行引起的价格变动过程。然而，货币发行引起价格变动并非一蹴而就、瞬间到位，而是有一个动态的变化过程。商品价格水平既取决于流通中的货币量和实际产出（实际收入），也还受到以往价格的惯性影响。假定某商品原先价格为 10 元，其所在国原有流通中货币量为 M_A，现在央行增加货币发行 ΔM，经计算 $\Delta M = \frac{1}{5}M_A$，则通常买卖双方不大可能在央行增加货币发行后，根据货币流通量增长比例 $\Delta M = \frac{1}{5}M_A$ 立即将该商品价格调整为 12 元（事实上很多情况下公众只知道央行采取了放松银根措施，至于释放流动性的确切数量，如果不是采取量化宽松措施而是降低再贴现率等措施，连央行自己也不清楚，即使采取量化宽松措施，确切数量也不一定告知公众）。

事实上，一方面价格总水平 P 最终取决于 M、k 和 y，有 $P = M/ky$，但另一方面在增加货币发行后的一段时间内，它还受到以往商品价格的惯性影响，当然这种影响是逐渐衰减直至消失的，是暂时的、过渡性的。据此，建立考虑货币发行调整因素的价格函数：

$$P_t = f(M_t/ky_t, \ P_{t-1}) \tag{14.1}$$

在货币发行一段时间过后，市场对价格的调整到位，上期价格惯性影响消失，有 $P_t = M_t/ky_t$。

当然，以往价格 P_{t-1} 对 P_t 的影响也不一定总使 $P_t < M_t/ky_t$，P_t 可能低于也可能高于 M_t/ky_t，只要二者不等，其差额就是没有被价格变化消化的部分，就是货币发行对实际产出的影响。并且，一般来说由于增加货币

发行后价格处于上涨态势，当期价格比上期价格高 $P_t > P_{t-1}$，以前相对较低价格 P_{t-1} 对当期价格 P_t 的惯性牵制作用，使增加货币发行后的价格调整过程中多数情况下有 $P_t < M_t/ky_t$，因此增加货币发行对增加实际产出（实际收入）在多数情况下会产生带动作用。反之，如果央行紧缩货币，则扣除造成的价格下降后，多数情况下对实际产出（实际收入）会有一定抑制影响。经过一段时间后价格完成调整，$P_t = M_t/ky_t$，此时流通中货币量变动对实际产出（实际收入）的影响消失，货币政策自动失效。**综上，增加货币发行对实际产出（实际收入）的影响是，从最终结果即长期上看无影响，即货币中性；从价格调整过程中即短期上看有影响，即货币非中性。国家在必要时也可以应当运用货币政策对经济周期波动进行干预。**

增加货币发行后价格变动见图 14 –2，对社会总供求的作用见图 14 –3。

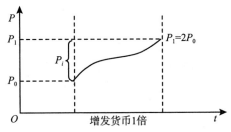

图 14 – 2　增发货币后的价格波动模型

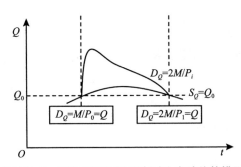

图 14 – 3　增发货币后的供求对比变动趋势模型

第五节 自动稳定器

自动稳定器又称内在稳定器，是在国民经济中无须经常变动政府政策而有助于经济自动趋向稳定的制度设计。一些财政支出和税收制度具有自动调节经济的功能，可以自动适应需求变化，减弱需求的振荡波动，有助于经济稳定。自动稳定器主要包括三方面制度：

一、税收制度特别是累进税制度

对实行累进税率的税收如个人所得税等，税率结构本身就使此类税收具有自动稳定经济的功能。当经济衰退时，国民收入下降，个人收入减少，在税率结构不变的条件下，由于人们的收入降低，滑落到适用较低一档税率，使税负的下降快于收入下降，获得减税的幅度比收入下降幅度更大，从而对需求产生激励作用，刺激经济复苏；反之，当经济高涨时，投资和产出不断提高，收入增加，在税率结构不变的条件下，人们的收入会自动进入适用较高一档税率，使税负增长超过收入增长速度，从而对需求产生抑制作用，消除经济过热。

二、转移支付制度

主要包括失业救济和其他社会福利支出。当经济衰退与萧条时，失业增加，符合救济条件的人数增多，使失业救济和其他社会福利开支相应增加，一定程度对消人们可支配收入的下降，阻止消费大幅下降，稳定需求；当经济高涨时，失业人数减少，失业救济和其他社会福利开支会自然减少，从而抑制可支配收入和社会总需求的过快上涨。

三、农产品价格维持制度

经济萧条时，农产品价格下降，政府依据农产品价格维持制度，按照与农民事先约定的价格收购农产品、进行结算，保障农民收入和消费水平，保护农产品生产积极性、稳定性；经济高涨时，农产品价格上涨，政府减少对农产品的收购，抑制农产品价格继续上升，保护消费者利益。

自动稳定器利用了收入、支出与经济总量的内在关系，是有利于稳定经济运行的制度。但自动稳定器发挥作用比较温和，其效果是有限的。单靠自动稳定器往往难以扭转经济衰退和高涨趋势，通常还需要使用相机抉择政策进行主动调节。

第六节　相机抉择政策的主要工具

要成为宏观调控政策工具，必须是国家可以掌握的工具资源。由于市场经济国家掌握的主要经济资源是财政和货币发行，因此宏观调控的政策工具主要包括财政政策工具和货币政策工具。

一、财政政策工具

（一）税收

税收是国家凭借政治权力参与社会产品分配的活动，具有强制性、无偿性、固定性特征。

税收涉及范围极为广泛，基本涵盖了经济活动的各方面，且由于现代国家宏观税负（通过政府组织管理的收支（含社会保障收支）占 GDP 比重）多数高达40%以上，使税收在客观上具有对经济的广泛而深刻的影响力。但反对将税收作为宏观调控工具的人认为，税收是一件很严肃的事情，应保持其稳定性和规范性，不应随意调整，不宜作为干预经济运行的工具使用。

税收既可以作为总量政策工具，经济管理者针对总供求平衡关系进行调整，使税收变动对公众产生同等影响，也可以作为结构政策工具，使税收变动对不同群体的利益产生差异性影响。（1）税收作为总量政策工具的使用。税收对于纳税人而言是一项额外的支出负担，实施减税政策，如降低税率、提高税收扣除，将使个人可支配收入和厂商利润增加，鼓励消费和投资，增加社会总需求，促进经济增长，属于扩张性（松的）财政政策；实施增税政策，如提高税率、降低税收扣除，将使个人可支配收入和厂商利润减少，抑制消费和投资，减少社会总需求，抑制经济过热，属于紧缩性（紧的）财政政策。（2）税收作为结构政策工具的使用。对某一或某类商品及产业实施减税，降低税率，将降低生产和消费该商品的成本，鼓励该商品的供给和需求，连带促进产业链中互补性产业的发展，同时使替代性商品的比较收益降低，对替代性商品及产业形成抑制；对某一或某类商品及产业实施增税，提高税率，将提高生产和消费该商品的成本，降低该商品的供给和需求，连带抑制产业链中互补性产业的发展，同时使替代性商品的比较收益提高，对替代性商品及产业形成促进。（3）一些税收工具既涉及总量调节也涉及结构调节。如个人所得税提高起征点时，是将更多的收入留给个人和家庭（居民部门），增加了个人可支配收入和社会总需求，属于总量政策，同时，提高起征点形成的减税，对不同收入阶层产生的影响不同，低收入群体受益最大，因而调整了社会收入分配结构，属于结构政策。

（二）政府购买支出

政府购买支出是政府购买商品和服务的一切支出，既包括直接为社会公众服务的公共产品支出，如武器、科研项目等，也包括政府为维持自身运转而发生的支出，如人员工资、办公用品等。

与居民家庭支出、厂商投资相同，政府购买支出形成对商品供给的市场需求，因而是社会总需求的重要组成部分。既然是社会总需求的一部分，就必然在客观上具有对社会总供求平衡关系、对经济运行的调节作用。

增加政府购买支出将推动社会总需求规模增加，属于扩张性（松的）财政政策；削减政府购买支出将减少社会总需求规模，属于紧缩性（紧的）财政政策。政府购买支出也具有一定的结构调节功能，会促进其所购买商品的供给发展。

（三）政府转移支付

政府转移支付又称财政补贴，是政府为了鼓励帮助某类特定人群，以及某种商品生产消费，而对相关群体、相关生产消费活动给予的补助。

财政补贴既是总量调节工具也是结构调节工具。补贴首先是结构调节工具，是针对特定人群或特定商品的，失业补贴、养老补贴提高失业者、老年人的收入，同时刺激其消费支出，农产品补贴、节能商品补贴促进农产品和低能耗商品的供给与需求。补贴也是总量调节工具，实施财政补贴将增加可支配收入，刺激社会总需求，属于扩张性（松的）财政政策，减少补贴属于紧缩性（紧的）财政政策。

（四）预算赤字、盈余与国债发行

预算赤字是政府预算支出超过预算收入形成的缺口；预算盈余是政府预算收入大于支出形成的结余。国债是预算之外政府的重要可用资金来源，增减国债也意味着增减政府支出。

预算赤字和国债发行意味着政府收少支多，超额支出（赤字）在原有社会总供求的基础上额外形成了对商品供给的新增需求，增大了社会总需求，属于扩张性（松的）财政政策；预算盈余和削减债务意味着政府收多支少，政府取得的一部分收入没有安排支出，使原本的社会总需求规模被缩小，属于紧缩性（紧的）财政政策。

二、货币政策工具

（一）货币发行量（量化政策）

直接印制钞票投放。该方式直接调整流通中的货币量，发行数量可被央行确切掌握。

向市场注入货币将增加由货币表示的名义总需求，随着新发行货币注入市场，新发行货币与原有货币共同构成的流通中货币量都会形成对商品供给的需求，因此增发货币属于扩张性（松的）货币政策；从市场回笼货币将减少流通中的货币，减少由货币代表的对商品供给的需求，属于紧缩性（紧的）货币政策。

（二）再贴现率

再贴现是指中央银行对商业银行发放贷款，再贴现率是中央银行对商业银行的贷款利率。

通过调整再贴现率，可以影响商业银行的融资成本，进而影响商业银行对厂商和居民的借贷利率，改变经济活动的成本，影响投资和消费需求。

央行降低对商业银行的再贴现率，将降低商业银行的融资成本，进而传导为商业银行降低借贷利率，一方面，贷款利率是投资和信贷消费的成本，贷款利率降低使投资和信贷消费的成本下降，将刺激投资需求和信贷消费需求；另一方面，存款利率是储蓄的收益，从而是消费的机会成本，存款利率降低使消费的机会成本下降，刺激消费需求，属于扩张性（松的）货币政策。央行提高对商业银行的再贴现率，将提高商业银行的融资成本，进而传导为商业银行提高借贷利率，一方面，贷款利率提高使投资和信贷消费的成本上升，将抑制投资需求和信贷消费需求；另一方面，存款利率提高使消费的机会成本上升，抑制消费需求，属于紧缩性（紧的）货币政策。

在货币政策的各工具中，再贴现率（利率）与其他工具是不同的，区别在于直接作用对象上的差异。货币政策其他工具，通过释放或收缩流动性直接改变社会总需求，其直接对象是货币量和需求量；而再贴现率（利率）工具，通过降低或提高投资和消费成本刺激或抑制需求，其直接对象是经济活动的成本。虽然流通中货币量与利率之间存在相互影响，且再贴现率（利率）和其他工具最终都调节总需求，但它们在直接作用对象上的差异将其划分为两类不同工具：货币量调节工具和成本调节工具。

（三）法定存款准备金率

法定存款准备金率是商业银行按照央行的规定，需将吸收存款的一定比例交存中央银行，商业银行本身不得使用。该制度的初衷是增强银行系统的抗风险能力，帮助商业银行在派生存款、发放贷款时留有余地，并组织货币资金在银行之间的临时调剂。央行可以通过降低或提高法定存款准备金率（俗称"降准""升准"）影响商业银行派生存款、发放贷款的能力，调整货币量。

降低法定存款准备金率增强了商业银行派生存款、发放贷款的能力，增加流通中货币量，属于扩张性（松的）货币政策；提高法定存款准备金率削弱了商业银行派生存款、发放贷款的能力，减少流通中货币量，属于紧缩性（紧的）货币政策。

（四）公开市场操作

央行或国家掌握的其他金融机构通过在金融市场上买进或卖出有价证券，释放或回笼流通中货币量。

国家买进证券时是向市场注入货币，属于扩张性（松的）货币政策；卖出证券是从市场回笼货币，属于紧缩性（紧的）货币政策。

该方式的优点是由于市场经济国家金融市场普遍发达，因此通过公开市场操作调节流通中货币量、干预经济运行便捷高效，缺点是买入或卖出的证券不可避免地具有选择性，会被公众质疑公正性。

第七节　宏观调控手册

为便于经济管理实践者参考，笔者根据本书相关章节内容整理此手册（见表14－1）。

表14－1　　　　　　　　　　　宏观调控手册

项目	主要经济运行表现	判断特征/经济中可能存在的问题	政策措施
1	经济增长缓慢，速度下降	经济增长速度是经济运行表象，许多原因都能够造成增速减慢。需要分清其背后的不同原因，有针对性地解决问题	分清成因，治理本源。 （1）检查是否体制性衰退。 （2）检查是否需求长期不足、收入分配结构失衡引起的衰退。 （3）检查经济增长缓慢是否伴随物价普遍上涨，即"滞胀"。 （4）检查是否周期性萧条。根据以上检查结果分别采取相应措施
2	体制性衰退。一些转型国家的市场化改革不彻底，部分行业未对国内市场充分开放，存在行政性壁垒限制投资经营，人为缩小了本国经济发展空间。在开放行业对经济增长的带动作用基本耗尽后，壁垒行业不能承担起接续带动作用，形成发展瓶颈，经济失去发展空间和动力而陷入停滞，这是体制改革不到位造成的衰退	检查国民经济门类中，是否有一批被认为比较"重要"的行业，存在行政性壁垒，限制来自其他行业的资本进入开展投资经营，阻碍要素自由流动配置	深化市场化改革，建立规范完善的市场经济制度。消除行政性垄断和行政性壁垒，充分解放生产力，拓宽投资空间，获得增长动力 （原理见第八章）

项目	主要经济 运行表现	判断特征/经济中 可能存在的问题	政策措施
3	需求长期不足型衰退。与周期性衰退是需求在短期出现不足相对应，需求长期不足型衰退是由于收入分配严重失衡使需求长期处于不足状态而造成的经济低迷	（1）检查在居民、厂商、政府之间的分配关系中，是否存在居民报酬过低、厂商利润和政府税收占比过高的分配结构。如是，则消费需求不足，社会产品因缺乏消费需求而无法得到充分实现，影响再生产顺利进行和经济增长。 （2）检查在居民的收入分配关系中，是否存在收入分配差距过大，社会中间收入阶层过小的情况。如是，由于高收入者的边际消费倾向低，则社会整体的消费需求不足，难以为再生产顺利进行和经济增长提供支撑	优化收入分配结构。 （1）通过调整居民、厂商、政府三部门的分配关系，调整社会产品消费（实现）和社会产品生产的关系，优化再生产条件。 （2）调整缩小社会收入分配差距。具体措施主要有：社会保障制度、公司所得税制度、个人所得税制度等 （原理见第十章）
4	滞胀	经济停滞，通货膨胀。低速增长或负增长，伴随物价持续大幅上涨。 （1）检查供给侧有无出现技术创新不活跃、供给积极性不足的情况。 （2）检查国家有无将社会大量生产能力进行非民用化占用，过度挤占社会资源造成社会商品供给减少的情况。 （3）检查重要基础产品是否存在市场垄断、行政性垄断或高度依赖进口，其价格是否发生大幅上涨。 （4）检查社会福利制度水平是否过高	鼓励供给；治理通胀。 （1）实施减税政策鼓励供给，制定激励技术创新和增加产出的财政政策，如提高研发费抵扣税款比例等，以满足和创造需求。无论是否发现存在左侧第一种情况，均可将此列为措施之一。 （2）实施紧缩性货币政策，管住货币，以治理通货膨胀。 （3）如有左侧第二种情况，国家应将占用使用社会资源控制在一定限度内。 （4）如有左侧第三种情况，应当采取针对性措施治理。对市场垄断采取反垄断措施，对行政性垄断予以破除行政性壁垒实行充分竞争，对高度依赖进口的基础产品实施多元化进口策略和国家储备制度。 （5）如有左侧第四种情况，适当降低保障水平 （原理见第十一章）

续表

项目	主要经济 运行表现	判断特征/经济中 可能存在的问题	政策措施
5	周期性萧条	经济增速缓慢或负增长，市场供过于求，投资减少，失业增加；排除体制性抑制增长因素例如前述行政性壁垒人为缩小经济发展空间	扩张性财政政策、货币政策（具体包括：减税，增加政府支出，扩大财政赤字或发行国债；增加货币发行，降低利率，降低法定存款准备金率等；根据条件具体使用） （原理见第十四章）
6	周期性过热	经济增速高涨，市场供不应求，投资快速增长，通货膨胀；排除体制性过热因素例如军备竞赛、大规模建设安全设施等	紧缩性财政政策、货币政策（具体包括：增税，削减政府支出，削减财政赤字或减少债务余额；回笼货币，提高利率，提高法定存款准备金率等；根据条件具体使用） （原理见第十四章）
7	单纯性通货膨胀	物价持续普遍上涨，其他方面基本无问题。 （1）检查是否存在工资交替普遍上涨，推动商品成本提高。 （2）检查重要基础产品是否存在市场垄断、行政性垄断或高度依赖进口，其价格是否发生大幅上涨	管住货币；治理成因。 （1）实施紧缩性货币政策，治理通货膨胀。 （2）如存在左侧第一种情况，应制定限制工资过快增长的政策。 （3）如存在左侧第二种情况，予以针对性治理。对市场垄断采取反垄断措施，对行政性垄断予以破除行政性壁垒实行充分竞争，对高度依赖进口的基础产品实施多元化进口策略和国家储备制度 （原理见第十一章、第八章）
8	产业结构失衡，结构长期不合理。部分行业供给过剩与部分行业供不应求长期同时存在，利润率差距大，结构性失业的行业特征明显	在规范健全的市场经济体制下，由于要素可以自由流动，在各行业门类自由配置，通常不会出现此类情况，即市场经济可以自发实现产业结构合理化。若出现该现象，说明该国市场体制不健全，存在要素流动配置的体制障碍，妨碍了产业结构的自然优化	消除阻碍资源优化配置、妨碍产业结构优化的壁垒。实施促进竞争、统一国内市场的改革，消除行政性垄断和行政性壁垒，发挥市场优化资源配置的功能 （原理见第八章、第十二章）

项目	主要经济 运行表现	判断特征/经济中 可能存在的问题	政策措施
9	产业结构的高级化水平、科技发展水平与方向，未达到经济管理者期望	（1）产业结构的高级化和科技水平的进步，需要配套产业和配套科技的发展，是一个自然渐进的过程，无法脱离经济和科技基础按照管理者主观意愿孤立发展。但国家可以培育科技发展条件。 （2）脱离产业结构合理化而强行推进产业结构高级化，无论在经济学逻辑还是在历史现实都指向战争道路。 （3）人类在科技领域的未来突破方向，科学家和管理者都无法准确预见和做出安排	创造环境，培育产业，不问收获。 （1）管理者可以为其发展水平的提高创造条件。建立公平竞争的市场环境，放宽市场准入，促进要素自由流动，鼓励资本自由进入产业以强化竞争，通过竞争促进产业发展和技术更快进步；在此基础上，政府可以通过财政货币政策发挥一定程度的推动作用。 （2）国家可以选择重点投入的科研领域，但最终能够在哪些领域实现突破，是可遇不可求的 （原理见第十二章）
10	结构性失业	新兴产业不断出现且对劳动力需求旺盛，劳动者知识技能未能适应新兴产业的需要而出现失业增加	实施大规模就业支持（促进）计划。政府提供免费培训课程作为公共产品；以纳税抵扣、政府补助等形式鼓励劳动者参加培训 （原理见第十一章）
11	地区发展差距加大	就发展的一般进程而言，地区发展有一个从差距扩大到缩小的过程。如果差距持续存在且不断加大，应检查是否存在区域行政性垄断和区域壁垒	消除区域壁垒；加大调节力度。 如存在区域保护主义，应以法令予以禁止、消除；如不存在，可能由于自然禀赋所致，可通过均衡性财政转移支付适当缩小地区发展差距 （原理见第十三章）

需要说明的是，反周期的财政政策、货币政策不是万能的，其运用有其适用范围。从本书通篇可以看出，经济运行状态是表象，其背后是需求、供给、竞争状态等多种因素共同作用的结果。同一种经济运行现象，例如增速下滑，其背后的原因不同，解决问题的措施也不相同。只有有的放矢消除症结，才能真正解决问题。

相机抉择的财政政策和货币政策（逆风向行事政策）作为反周期政策，属于需求管理，其作用机制在于刺激或平抑需求，解决社会再生产中的周期性需求不足与过热。反周期的需求管理政策无法解决体制性问题，如果对体制性增长抑制采取反周期政策，结果是一定程度掩盖矛盾而无法解决矛盾，并使各项政策相互纠缠反而复杂化。故采用反周期政策前需先排除体制性问题。

第八节 本章小结

本章回答的主要问题：（1）国家干预经济有无必要性？（2）国家干预经济应设定哪些目标？（3）宏观调控应把握什么原则？（4）调节经济运行，总量政策是否有效？（5）宏观调控的政策工具如何运用？

本章提出：（1）不稳定性是经济发展的动力源泉，但不稳定性也决定了国家干预经济的必要性。（2）国家干预经济的目标，除传统的四大目标之外，还应重视和增加防止和消除垄断与壁垒、维护要素自由流动和自由竞争制度的目标，适度调节社会收入分配、兼顾效率与公平、保障再生产接续运转条件的目标。（3）宏观调控的核心原则在于提高其有效性。（4）在分析主要经济学流派关于宏观政策是否有效的观点基础上得出：①财政政策造成社会总需求增加，对社会总供给形成一定程度诱导，因而是有效的；财政乘数效应揭示了经济系统内在联系形成的变量连锁反应，但同时，财政乘数效应充分发挥作用是需要条件的，且乘数也没有反映出政府投资与民间投资形成的资本对后续社会总供给的影响差异，因而高估了财政政策的作用力度；应在民间投资与消费不足时再运用财政投资与消费；②货币作为社会财富的符号具有虚拟性，货币政策对实际产出的影响发生在价格调整但尚未调整到位的变化过程中；从最终结果即长期上看货币政策对实际产出无影响，即货币中性，从价格调整过程中即短期上看有影响，即货币非中性。（5）本章针对主要经济运行现象编写了宏观调控手册，方便经济管理实践者参考使用。

第十五章　源与流：本经济学
　　与东西方文化的联系

中华文化源远流长，古代哲学思想广博精深，历久弥新，闪耀着科学和智慧的光芒，是关于宇宙和世界一般规律的科学认识。作为基本的世界观和方法论，它与近现代经济学的基本精神、基本要义是内在一致的，又能够为经济理论与实践提供新的认识与指引。现代西方经济学广泛采用微积分等数学工具和模型。这些数学工具和模型，是现代科学发展的成果，它极大地提高了经济学的科学性质。我们充分利用好这些方法工具，有利于更好地贯通东方哲学与西方经济学，让经济学充分汲取东西方营养，以东西方都能理解的框架进行构建。

在本书的各章节中，贯穿融入了中华文化的基本思想，同时大量运用了西方经济学的模型和数学工具。为便于读者理解，现将书中比较重要的运用在本章作进一步提炼。

一、需求和供给

"无，名天地之始；有，名万物之母。故常无，欲以观其妙；常有，欲以观其徼。此两者，同出而异名，同谓之玄。玄之又玄，众妙之门。"——《道德经》

需求是无形的，但它是存在的，它是经济系统中"无"的方面。需求是经济活动的发端，也是推动经济活动发展变化的本源力量，人类从事生产活动是为了满足需求，需求的变化始终从源头上引导着供给的发展。

供给是有形的，它创造出的产品和服务是具体的、有形态的，它是经济系统中"有"的方面。供给创造万物，不单单是丰富多样的商品，还有不断积累的资本和不断提高的生产能力，是人类一切物质财富之母。

需求和供给是经济运动最基本的内核元素，它们是共生的，也是一对矛盾体；它们之间既共生又矛盾的关系导致了变化和运动。简单明显的例子是，需求方希望供给多、价格低、利润少，而供给方希望需求多、价格高、利润大。这既造成了供给与需求的不一致甚至背离运动，又造成了二者基于相互依存关系的回归运动，形成供求价格机制。这种运动变化，是繁衍派生经济系统中一系列规律的基本。

二、供求波动、动态均衡、经济周期

"大曰逝，逝曰远，远曰反。"

"道之为物，惟恍惟惚。惚兮恍兮，其中有象；恍兮惚兮，其中有物。窈兮冥兮，其中有精；其精甚真，其中有信。"

"曲则全，枉则直，洼则盈，敝则新，少则得，多则惑。"——《道德经》

（1）关于运动形态。中华传统文化认为，物极必反，当事物过于旺盛或过于衰弱超过一定限度时，必然向相反方向运动，波动是事物的客观正常运动形态。（2）关于趋势与形态的辩证关系。在波动路径中存在着并能够显现出事物发展的基本趋势，波浪式前进是事物的正常发展路径。（3）关于原因。事物发展之所以必然表现为波浪式运动，中华传统文化认为，原因在于不足会导致增加、过剩会导致减少的自然规律。

本书中广泛运用了这一哲学思想。体现和贯穿于第四章、第六章、第十章、第十一章等章节。（1）在运动形态上，超额供给或超额需求达到一定程度，供给和需求必然各自向相反方向运动。经济高涨过热，积累的供求失衡将使衰退到来；经济衰退萧条，酝酿积蓄着再次繁盛的动力。因此，供求运动、经济增长路径，客观上必然是波动的。（2）在趋势与形态的关系上，供求波动中存在基本发展趋势，通过波动体现出均衡路径，因而均衡是运动中的相对的均衡，是动态均衡，是趋势与形态、稳定与发展的辩证统一，并非主流经济学规定和推崇的相对静止、保持不变状态的均衡。供求运动必然导致经济增长的周期性波动，使增长轨迹呈曲线而非直线形态，因而波动前行是经济增长的客观正常状态，并非市场失灵。（3）在形成原因上，以中华文化的视角，变化、曲线、波动的原因来自活力；消灭了波动，就消灭了经济运动与增长。当然这有一个社会可承受限度的问题，但是不能将其简单化理解为不稳定性风险或资源损耗等负面因素，本书在经济增长部分专门分析了经济周期的客观作用。宏观调控需要兼顾但不宜过分强调经济稳定目标，否则易导致增长动力丧失和发展停滞。主流经济学将高度稳定的均衡作为理想状态，否定波动，将直线作为理想增长路径，其实如果真的将波动强行调整为线性路径，这样的经济会因失去活力和动力而陷入停滞，反而并非理想状态，这样的稳态均衡在经济现实中也是不存在的。波动是前进的客观路径，只有通过波动才能发展，波浪式前进是稳定与活力、发展与调整的辩证统一。

三、经济体制

"天网恢恢，疏而不失。"——《道德经》

在中华传统文化中其本义是：大自然的法则就像一张广阔的天网，它能把一切事物都覆盖住，它非常宽松不易察觉，但从无疏漏。

本书全文特别是第七章、第八章、第十四章贯彻了这一思想。作为经济社会的管理者、维护者，一方面为市场主体构建较为宽松却不遗漏的社会基本秩序作为底线，另一方面在不破底线的条件下充分尊重市场主体的意愿、利益与决策，为之提供充分施展的舞台，解放社会活力，解放生产力。建立规范的、充分竞争、自由发展的市场经济制度，效法大自然，包容和欣赏基本秩序下大千世界"不同""多样性"的魅力与生机。

四、产业结构高级化

"合抱之木，生于毫末；九层之台，起于累土；千里之行，

始于足下。"——《道德经》

事物发展有一个从量的积累到质的跨越的客观过程，需要各方面条件的形成与配合，因此要遵循循序渐进的原则。

本书在第十二章中，以此理论为哲学基础，解释了国家是否可以人为决定产业结构演进升级的发展方向以及人为实现产业结构高级化这一经济实践中重要而存在争议的问题。由于产业的发展需要有效需求的支撑，产业技术发展需要渐进过程，与其他配套产业、配套技术交互支撑，因此，经济管理当局只可以在有限程度和范围内发挥引导和推动作用，但是无法人为实现高级化和直接决定发展方向。促进产业结构高级化的根本方法是建立公平竞争的市场环境，放宽市场准入，促进要素自由流动，鼓励资本自由进入产业以强化竞争，通过竞争促进产业发展和技术更快进步；在此基础上，政府可以通过财政货币政策发挥一定程度的推动作用。总之，按照产业结构自然演进的规律进行，不能脱离实际强力而为。

五、对外开放

对外开放是中华民族的重要传统，是中华文化的重要特征。特别是在民族盛世的汉唐时期，都伴随着深度对外开放。汉朝时期的张骞出使西域、鲜卑汉化，唐朝时期的全面对外经济、政治、文化交流，成就了繁荣、强盛、包容的中国。

对外开放是国家富强的必然基本条件。（1）对外开放才能利用国外资源转化为本国优势。各国由于自然禀赋不同，各类资源的稀缺程度不同，对外开放可以利用在本国稀缺但在海外丰富廉价的资源，满足本国生产需要，降低产品价格，增进本国人民的福利，提高产品竞争力。这是对外开放最基本的益处。（2）对外开放是国家实现科技强大领先的基本前提。科学技术各门类是相互关联、相互影响支撑的，任何一门科学技术都无法孤立发展、闭门造车，其突破需要来自学科内外各科技领域的营养、支撑和启发，且营养源无法事先预见，交流、启发是科学技术的发展规律与要求，尝试关闭国门发展科技只会使科技缺乏营养，难以突破而落后。

（3）对外开放是发展高附加值产业、提高人均收入水平实现国家富裕的市场需要。一国如果要提高人均收入，就要提高产业的附加值，发展高附加值产业；高附加值产业如果只面向国内销售产品，其实现的高附加值只是其他产业购买高附加值产业的产品付出的成本，对整个国民经济而言，实际收入总量并没有因此增加。如果要使实际收入总量增加，高附加值产业就必须对国外销售产品，从其他国家取得高附加值，才能增加本国的实际收入，提高本国的人均收入水平，实现国家富裕离不开国际市场的开拓。例如，瑞士的主要产业是制药、机床和钟表业，凭借三大产业的出口居于世界高收入国家行列，假如这些高附加值产业只在国内销售，市场空间的有限性将无法使其国民拥有如此高的人均收入水平。（4）对外开放是增进理解与合作的需要。不可否认国家之间存在着竞争，包括激烈残酷的竞争，但是，各国都没有也不会放弃合作，在竞争中合作，在合作中竞争，本是国际关系的常态和必然选择。中华民族、中华文化是人类的灿烂之星，拥有强大的竞争力和厚重的感染力，中华民族是历史上诸多民族汉化形成的大家庭，中华文化正是通过海纳百川、兼收并蓄，吸收着新的文化营养，形成了强大的生命力和深厚的文化同化力。通过国际交流，一方面吸收其他民族文化的优秀成果和先进理念，为中华文化汲取营养，不断获得新鲜血液与活力；另一方面增进理解，促进合作，在交流中实现共同发展。

对外开放与国家安全。（1）如果说一部分国家选择市场经济制度有其偶然性的话，那么，在人类社会的现今发展阶段上，世界上绝大多数国家已经选择市场经济制度，则是经济发展的必然要求，市场经济展现了强大的生产能力与效率、活力与创造力。（2）几乎所有国家都实行市场经济和对外开放，没有一个国家因为国家安全问题而放弃市场经济和对外开放，这是必然也是正确的选择。国家安全问题不能通过排斥市场机制、取消对外开放解决，而应当通过建立国家储备制度、紧急动员制度解决。（3）国家储备制度，是国家对保障人民生活、维持重要产业生产所必需的基础产品，通常是粮食、石油（现有能源结构下）、核反应材料、特种材料等有计划地进行一定数量储备。国家储备制度可以一定程度应对外交局势恶

化、原材料供应地政局变动带来的外部风险，也可以一定程度防范国内重
大自然灾害等内部风险。（4）紧急动员制度，是在科学合理界定国家紧急
状态标准的前提下，规定在紧急状态下国家依法可以管控、动用全社会任
何资源。通常规定事后对资源所有者给予成本补偿。这使国家拥有调动社
会资源的规范而强大的权力。（5）总之，安全问题需要用加强和完善自身
制度解决，不能用牺牲市场机制的规范运行和舍弃对外开放解决。要在维
护规范完善的市场经济制度的同时，做好安全制度建设，两手抓，两
手硬。

六、国家干预经济

　　"治大国，若烹小鲜。"

　　"无为而无不为。"

　　"太上，不知有之；其次，亲而誉之；其次，畏之；其次，
侮之。信不足焉，有不信焉。悠兮其贵言。功成事遂，百姓皆
谓：「我自然」。"——《道德经》

治理大国，如同烹饪小鲜，不能经常翻动。自然法则是精密的，人们
遵循、尊重、使自然法则充分发挥作用反而能够取得人力无法企及的成
就。国家对经济的管理，至高境界是人民感受不到管理者的存在；低一等
的做法，是管理得到人民的赞誉；再低一等，是把人民约束住使之畏惧；
最后一等，是受到人民的广泛批评。

　　对经济的管理应当效法自然，尽量减少人为干预，充分发挥经济系统
的自我调整、资源配置的自我优化功能，像大自然对待万物那样给予人们
充分的开展经济活动的自由，实行自由竞争、自然发展，将"人治"调整
为"自然治"，只有当自我调节带来的振荡将超出社会承受能力时再进行
干预。可见，道法自然、自由竞争、自然发展的管理理念，源自中华文明
东方思想。

七、以系统论治理根本：规范社会各项基础制度，防止以扭曲治理扭曲

中华传统文化强调系统的观点和本源治理。以中医为例，将人体视为一个系统，而不是头痛医头、脚痛医脚，讲求找准病症，对症下药。一个社会中基础制度的规范性尤为重要，要防止以扭曲治理扭曲的情况。

1. 当一个社会的基础制度存在扭曲，例如存在行政性垄断时，市场机制无法正常发挥作用，此时市场机制作用的结果是导致资源配置的扭曲。

2. 在出现上述情况时，应当理顺基础制度，为市场机制正常发挥作用创造条件。但如果我们没有洞察到症结根源出自扭曲的基础制度，而误以为是"市场失灵"，或者我们不愿触及这些深层次体制，抑或是其他什么原因，我们没有去纠正基础制度，而是在扭曲的基础制度之外又增加一个别的政策措施加以对冲，比如强化政府管制，则是"以扭曲治理扭曲"。从表象上看似乎措施有效，但实则只是暂时掩盖了矛盾，经济系统变得更加扭曲，内在机制更为杂乱，潜在矛盾增加。

3. 在上述以扭曲治理扭曲的情况下，由于症结根源没有消除，经济运行无可避免地将再度出现问题。一旦出现这种情况，极易引起管理当局两种截然相反的判断：一种认为市场机制也不是那么有效，于是倾向强化政府管控；另一种认为政府干预多了，市场发挥作用不到位。此时，如果首先撤除用于对冲扭曲基础制度的扭曲政策，减少政府干预，虽然社会经济系统中的扭曲实际减少了，但从表象上看，经济运行变得更加糟糕。

4. 正确的做法是：从本源入手，从基础制度着手，首先理顺基础制度，而后再撤除各项对冲性措施。规范社会各项基础制度，对市场经济来说尤为重要。

八、简易，是大自然传授我们的重要方法

易，也就是"变"；简易，也就是化简。化繁为简，大道至简。

"人治"与"自然治"是两种不同的思路和方法。当遇到问题时，"人治"思路是通过增加人的主观作为加以解决，因而往往向社会经济系统注入新的政策变量；"自然治"思路是通过减少人的主观干预使经济社会恢复到自然状态加以解决，因而倾向于减少人为因素对经济运行的扰动。"人治"思维通过增加政策措施来治理问题的做法，只会使问题更加复杂化，众多政策主体在各个环节的参与，导致相互作用的机制极其复杂，分不清是哪个环节出的什么问题，无助于问题解决。"自然治"思维与"人治"思维相反，它的化繁为简的做法，减少了人为干预，避免了多重政策叠加，使问题简单明了，回归自然本源，更容易简便透彻地观测和解决。

九、经济自身的层次与经济学的结构

"道生一，一生二，二生三，三生万物。"

"万物负阴而抱阳，冲气以为和。"——《道德经》

事物是有层次的，事物的发展衍生是有逻辑的，由内向外、由里及表、由本质向现象发展，如同一棵大树，根生出干，干生出枝叶。经济的内核是需求和供给，从这个内核开始向外发展，产生了现代生产方式——市场经济的两大核心机制，供求价格机制和竞争机制，经济系统这些内在的、本质层次的机制与规律，具有单调性、抽象性，但对整个经济系统的影响是根本性、全局性的。经济从本质向现象继续发展展开，反映为现实经济运行，表现为增长速度、失业率、通货膨胀率、产业结构、区域结构等多样的指标数据、运行状态和物质表象，呈现出丰富的商品、差异化的市场，形成了绚丽多彩的经济大千世界。

经济学的结构，应当符合经济自身由内向外、从本质到现象的客观发

展逻辑，本书按照这一逻辑建立结构。第一层，需求和供给，是经济最基本的内核元素；第二层，它们的各自运动和相互运动形成了供求价格机制与竞争机制，供求价格机制与竞争机制是市场经济两大核心机制，二者相互配合，缺一不可；第三层，经济增长、经济稳定、经济周期、产业结构、区域结构等，这些经济运行的表象，或者说现实经济运行状态，是由需求与供给的运动与状态形成的，也是一国供求价格机制与竞争机制完善程度的反映；第四层，国家对经济的干预，这是国家对经济的管理与调控。

十、经济学研究的方法论

"故常无，欲以观其妙；常有，欲以观其徼。"——《道德经》

如何观测和认识经济世界、经济活动？

当我们试图观察认识经济活动中的规律、经济发展变迁的规律时，我们应当站在"无"的角度，忽略具体和有形，抽象掉生产的具体物质形态和具体内容，抽象掉商品品种和细分的市场，这样更容易、更清晰地看到隐含在经济活动中的规律；应当抽象掉经济进程中细节的改变，关注颠覆性的变化，以极大的历史尺度，才能看清人类经济历程发展变迁的来处、方向和决定性影响因素。

当我们试图测度经济活动中的数量，研究不同商品之间、市场之间的边界时，我们应当站在"有"的视角，把商品看成是具有不同具体物质形态与功能的商品，把市场看成是生产不同商品的市场，才能度量数量、区分差别。

本书借鉴运用了该方法论。以第七章为例，在研究生产要素竞争的一般规律和历史趋势时，抽象掉对数量和具体形态的考虑，关注人类经济发展的大转折，得出"要素的稀缺性决定了要素的相对价格，要素相对价格造成要素积累速度的差异，不断改变和否定着要素原有的稀缺性"，"生产要素的竞争，使原有要素的稀缺性不断被弱化，要素不断被扬弃，推动着人类社会生产所依托要素的转换升级和人类物质文明的进步。"在同一章考察市场占有率竞争的预期与结果的数量差异、平均利润与利润最大化数学条件的关系时，建立数学模型，使用数学方法。本书第四章、第九章、第十章、第十一章等主要章节也都运用了该研究方法。

十一、现代经济学的科学精神与科学方法

　　微积分学是认识宇宙奥秘的一把钥匙。它揭示了结构与总量之间的关系，是人们对系统进行认识和分析的重要科学工具。

　　现代西方经济学大量运用了微积分学，是与微积分学紧密结合在一起的，具有十分鲜明的科学性质。

　　微积分学在19世纪最终完善后，对整个科学界产生了巨大影响，被广泛深入地运用于物理学、生物学、医学、化学等各自然科学领域。它运用于经济学之中，使经济学的科学性大大提高，成为真正的科学。

　　微积分学在经典力学上解决了稳定性问题，西方经济学引入微积分学也主要用于研究稳定平衡，并借鉴了力学的"均衡"概念。然而经济与力学中的稳定有较大不同，人们的心理愿望、冲动以及更多外生变量使影响稳定的"力"本身（供给和需求）都在不断变化中。经济是由部门、市场主体组成的有结构的系统，微积分学运用于经济学，应当重点研究结构与总量、个体与总体、微观与宏观的关系。每个个体的边际产出价格比相等将使全社会利益最大化，这揭示了结构与总量之间的关系、结构优化与总量最大化的一致性。边际产出价格比相等，首先属于结构问题，因为这意味着根据边际产出量按比例分配报酬，边际产出多的得到更多报酬，由此形成个体之间的结构，这一结构优化将使全社会利益最大。同样，在社会管理领域也给我们打开了新的思路，每个人按照能力大小占有使用社会资源，有利于社会总体管理效能和总体利益最大化。结构优化与总量最大的一致性，等量能力与贡献获得等量报酬也是一种公平与效率的统一。

参 考 文 献

［1］安格斯·麦迪森. 世界经济千年史（精校本）［M］. 北京：北京大学出版社，2022.

［2］阿玛蒂亚·森. 以自由看待发展［M］. 北京：中国人民大学出版社，2002.

［3］巴罗，萨拉·伊·马丁. 经济增长理论（中译本）［M］. 北京：中国社会科学出版社，1999.

［3］保罗·萨缪尔森，威廉·诺德豪斯. 经济学（第十六版）［M］. 北京：华夏出版社，1999.

［5］保罗·萨缪尔森. 经济学［M］. 北京：中国发展出版社，1996.

［6］贝克尔. 人力资本［M］. 北京：北京大学出版社，1987.

［7］布阿吉尔贝尔. 布阿吉尔贝尔选集［M］. 北京：商务印书馆，1984.

［8］布坎南. 自由、市场与国家［M］. 上海：三联书店上海分店，1989.

［9］布坎南. 民主财政论［M］. 北京：商务印书馆，1998.

［10］陈共. 财政学［M］. 北京：中国人民大学出版社，2012.

［11］弗朗斯瓦·魁奈. 魁奈经济著作选集［M］. 北京：商务印书馆，1979.

［12］弗里德曼. 资本主义与自由［M］. 北京：商务印书馆，1980.

［13］弗里德曼. 货币数量理论［M］. 北京：中国社会科学出版社，2001.

［14］高鸿业. 西方经济学［M］. 北京：中国经济出版社，1996.

［15］高鸿业，吴易风．研究生用西方经济学［M］．北京：经济科学出版社，1997．

［16］耿作石．当代西方经济学流派［M］．北京：中国人民大学出版社，2015．

［17］哈罗德．动态经济学［M］．北京：商务印书馆，1981．

［18］哈耶克．通向奴役的道路［M］．北京：商务印书馆，1962．

［19］何晓群．回归分析与经济数据建模［M］．北京：中国人民大学出版社，1996．

［20］黄达．宏观调控与货币供给［M］．北京：中国人民大学出版社，1996．

［21］黄达．货币银行学［M］．成都：四川人民出版社，1992．

［22］凯恩斯．就业、利息和货币通论［M］．北京：商务印书馆，1988．

［23］李大雨．繁荣来自竞争［M］．北京：经济科学出版社，2018．

［24］老子．道德经［M］．北京：北京联合出版公司，2015．

［25］梁晓明等．经济学大辞典［M］．北京：团结出版社，1994．

［26］刘起运，程卫平．宏观经济预测与规划［M］．北京：中国物价出版社，1998．

［27］刘瑞．国民经济管理学概论［M］．北京：中国人民大学出版社，2009．

［28］刘易斯．二元经济论［M］．石家庄：河北人民出版社，1987．

［29］路德维希·艾哈德．来自竞争的繁荣［M］．北京：商务印书馆，1983．

［30］罗伯特·M. 索洛．经济增长因素分析［M］．北京：商务印书馆，1991．

［31］罗伯特·希勒．非理性繁荣［M］．北京：中国人民大学出版社，2001．

［32］罗宾逊．不完全竞争经济学［M］．北京：商务印书馆，1961．

［33］罗斯托．从起飞进入持续增长的经济学［M］．成都：四川人民

出版社，1988.

　　［34］马克思恩格斯选集［M］. 北京：人民出版社，2012.

　　［35］马克思恩格斯全集［M］. 北京：人民出版社，1972.

　　［36］芒克里斯. 拓扑学［M］. 北京：机械工业出版社，2006.

　　［37］欧肯. 国民经济学基础［M］. 北京：商务印书馆，2010.

　　［38］欧文·E. 休斯. 公共管理导论（第三版）［M］. 北京：中国人民大学出版社，2007.

　　［39］庞皓. 计量经济学［M］. 北京：科学出版社，2014.

　　［40］庇谷. 福利经济学［M］. 北京：华夏出版社，2007.

　　［41］萨伊. 政治经济学概论［M］. 北京：商务印书馆，2011.

　　［42］斯蒂格利茨. 经济学［M］. 北京：中国人民大学出版社，1996.

　　［43］斯塔尔. 一般均衡理论［M］. 上海：上海财经大学出版社，2003.

　　［44］陶文达，黄卫平，彭刚. 发展经济学［M］. 成都：四川人民出版社，1985.

　　［45］谭崇台. 发展经济学［M］. 上海：上海人民出版社，1993.

　　［46］托达罗. 经济发展计划化：模型和方法［M］. 北京：中国社会科学出版社，1979.

　　［47］王传伦，高培勇. 当代西方财政经济理论［M］. 北京：商务印书馆，2002.

　　［48］西蒙·库兹涅茨. 各国的经济增长——总产值和生产结构［M］. 北京：商务印书馆，1985.

　　［49］西奥多·W. 舒尔茨. 论人力资本投资［M］. 北京：北京经济学院出版社，1992.

　　［50］希克斯. 价值与资本［M］. 北京：商务印书馆，1962.

　　［51］肖恩. 动态经济学［M］. 北京：中国人民大学出版社，2003.

　　［52］熊彼得. 经济发展理论——对于利润、资本、信贷、利息和经济周期的考察［M］. 北京：商务印书馆，1990.

［53］薛敏．就业视角下的财政扶贫研究［M］．北京：中国财政经济出版社，2020.

［54］亚当·斯密．道德情操论［M］．北京：商务印书馆，1997.

［55］亚当·斯密．国富论［M］．西安：陕西人民出版社，2001.

［56］杨志．资本论选读［M］．北京：中国人民大学出版社，2011.

［57］袁志刚，何樟勇，宋铮．高级宏观经济学［M］．北京：高等教育出版社，2010.

［58］张伯伦．垄断竞争理论［M］．上海：三联书店，1980.

［59］顾海良．新编经济思想史·序卷：概论［M］．北京：经济科学出版社，2016.

［60］马涛．新编经济思想史·第一卷：中外早期经济思想的发展［M］．北京：经济科学出版社，2016.

［61］姚开建，杨玉生．新编经济思想史·第二卷：古典政治经济学的产生［M］．北京：经济科学出版社，2016.

［62］颜鹏飞，陈银娥．新编经济思想史·第三卷：从李嘉图到边际革命时期经济思想的发展［M］．北京：经济科学出版社，2016.

［63］张雷声．新编经济思想史·第四卷：马克思恩格斯经济思想的形成及在世纪之交的发展［M］．北京：经济科学出版社，2016.

［64］杨玉生．新编经济思想史·第五卷：20世纪上半叶西方经济思想的发展［M］．北京：经济科学出版社，2016.

［65］邹进文．新编经济思想史·第六卷：中国近代经济思想的发展［M］．北京：经济科学出版社，2016.

［66］王志伟．新编经济思想史·第七卷：第二次世界大战后西方经济思想的发展［M］．北京：经济科学出版社，2016.

［67］顾海良．新编经济思想史·第八卷：十月革命以来国外马克思主义经济学的发展［M］．北京：经济科学出版社，2016.

［68］颜鹏飞．新编经济思想史·第九卷：20世纪末21世纪初西方经济思想的发展［M］．北京：经济科学出版社，2016.

［69］赵晓雷．新编经济思想史·第十卷：中国现代经济思想的发展

［M］. 北京：经济科学出版社，2016.

［70］赵靖. 中国经济思想通史续集：中国近代经济思想史［M］. 北京：北京大学出版社，2004.

［71］赵树嫄. 微积分［M］. 北京：中国人民大学出版社，1987.

［72］赵树嫄. 线性代数［M］. 北京：中国人民大学出版社，1988.

［73］郭熙保，罗知. 贸易自由化、经济增长与减轻贫困［J］. 管理世界，2008（2）.

［74］汉斯·迈克尔·特劳特温，王爱君. 累积进程与极化发展：缪尔达尔的贡献［J］. 经济思想史评论，2010（01）.

［75］李永友，沈坤荣. 财政支出结构、相对贫困与经济增长［J］. 管理世界，2017（11）.

［76］吴培新. 经济增长理论的突破性进展（上）——评卢卡斯《论经济发展的机制》［J］. 外国经济与管理，1995（04）.

［77］薛敏. 跨越中等收入陷阱与乡村振兴的互动关系［J］. 西北农林科技大学学报（社会科学版），2022（22）.

［78］Angeletos，G M. Entrepreneurial and Capital Income Risk in the Neoclassical Growth Model［M］. Cambridge：MIT mimeo，2003.

［79］Ball，Laurence. The Genesis of Inflation and the Costs of Disinflation［J］. Journal of Money，Credit and Banking，1991（23）.

［80］Becker，Gary S，Murphy，et al. Human Capital，Fertility，and Economic Growth［J］. Journal of Political Economy，1990（98）.

［81］Blanchard，Olivier J. What is Left of the Multiplier Accelerator?［J］. American Economic Review，1981（71）.

［82］Gheorghe Matei，Nicolae Tudose. Social Assistance Models in the European Union［J］. Finance - Challenges of the Future，2015（17）.

［83］Grandy，C. The Efficient Public Administrator：Pareto and a Well - Rounded Approach to Public Administration［J］. Public Administration Review，2009（69）.

［84］Harvey S. Rosen，Ted Gayer. Public Finance（Eighth Edition）

［M］. Beijing: Qinghua University Press, 2008.

　　［85］ Keynes, John Maynard. The General Theory of Employment, Interest, and Money ［M］. London: Macmillan, 1936.

　　［86］ Kimball, Miles S, N G Mankiw. Precautionary Saving and the Timing of Taxes ［J］. Journal of Political Economy, 1989 (97).

　　［87］ Lucas R. Liquidity and Interest Rates ［J］. Journal of Economic Theory, 1990 (50).

　　［88］ Lucas R. Expectations and the Neutrality of Money ［J］. Journal of Economic Theory, 1972 (4).

　　［89］ Modigliani, Franco, Brumberg, et al. Utility Analysis and the Consumption Function: An Interpretation of Gross – Section Data. In Kenneth K. Kunhara, ed, Post – Keynesian Economics ［A］. New Brunsmck, N. J: Rutgers University Press, 1954.

　　［90］ Mundell Robert A. Inflation and Real Interest ［J］. Journal of Political Economy, 1963 (71).

　　［91］ Samuelson. Interactions between the Multiplier Analysis and the Principle of Acceleration ［J］. Review of Economics and Statistics, 1939 (21).

　　［92］ Samuelson, Nordhaus. Economics, 16th Ed ［M］. New York: McGraw – Hill Inc. , 1998.

　　［93］ Sargent T, Wallace N. "Rational Expectations", the Optimal Monetary Instrument, and the Optimal Money Supply Rule ［J］. Journal of Political Economy, 1975 (83).

　　［94］ Shapiro C, Stiglitz J E. Can Unemployment be Involuntary? Reply ［J］. American Economic Review, 1985 (75).

　　［95］ Shefferin. Rational Expectation ［M］. Cambridge University Press, 1983.

　　［96］ Shimer R. Reassessing the Ins and Outs of Unemployment ［J］. Review of Economic Dynamics, 2012 (15).

　　［97］ Solow, Robert. A Contribution to the Theory of Economic Growth

[J]. Quarterly Journal of Economics, 1956 (70).

[98] Solow, Robert M, Stiglitz, et al. Output, Employment, and Wages in the Short Run [J]. Quarterly Journal of Economics, 1968 (82).

[99] Summers, Lawrence. Some Skeptical Observations on Real Business Cycle Theory [J]. Federal Reserve Bank of Minneapolis Quarterly Review, 1986 (10).

[100] Summers, Lawrence H. How Should Long – Term Monetary Policy Be Determined? [J]. Journal of Money, Credit, and Banking, 1991 (23).